부가가치

부가가치
附加價値

더 적게 일하고 더 많이 버는
키엔스 성공의 공식!

다지리 노조무 지음 | 정지영 옮김

또다른우주

들어가며

만약 여러분의 회사에서 비용(원가와 판매관리비)은 그대로인 채 상품 가격을 20% 올릴 수 있다면…… 회사의 이익은 어떻게 변할까? '말도 안 되는 소리'라는 생각은 잠시 내려놓자.

표1의 조건에서 영업이익률이 5%라고 한다면 이익은 5배로 늘어난다.

반대로 가격을 5% 낮추면 회사의 이익은 어떻게 될까? 표2처럼 터무니없이 이익이 줄어드는 것을 알 수 있다. 이 표의 조건에서는 이익이 0이 된다. 가격이 오르고 내리는 것만으로 이익은 이렇게 극적으로 바뀐다.

현실에서는 가격을 마음대로 정할 수 없다. 회사가 정한 가격에 실제로 물건이 팔려 일정 수준 이상의 매출을 올려야 사업을 지속할 수 있다. 어떻게 해야 업무의 생산성을 높여 매출과 이익을 늘릴 수 있을까? 어떻게 해야 업무의 낭비를 줄이고, 정말 가치 있는 일에 집중할 수 있을까? 그 열쇠가 되는 것이

표1 가격 상승은 이익 증가로 직결된다

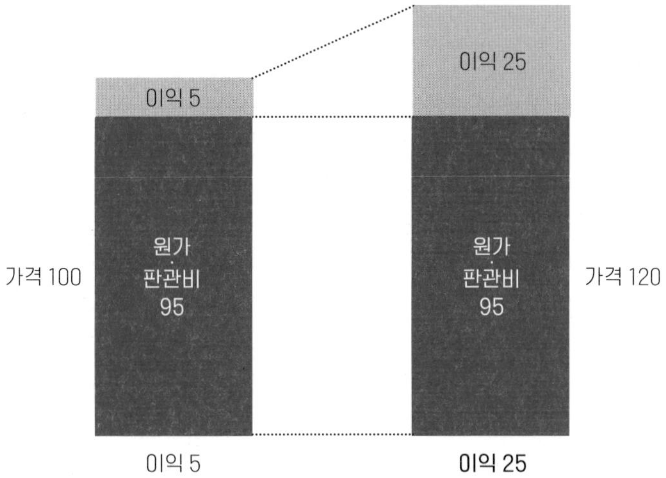

이 책의 주제인 '부가가치'다.

부가가치라는 말은 비즈니스에서 자주 쓰는 말이다. 그러나 막상 "부가가치가 뭔지 잘 모르겠다" "부가가치를 만들라고

표2 가격을 내리면 이익은 현저히 낮아진다

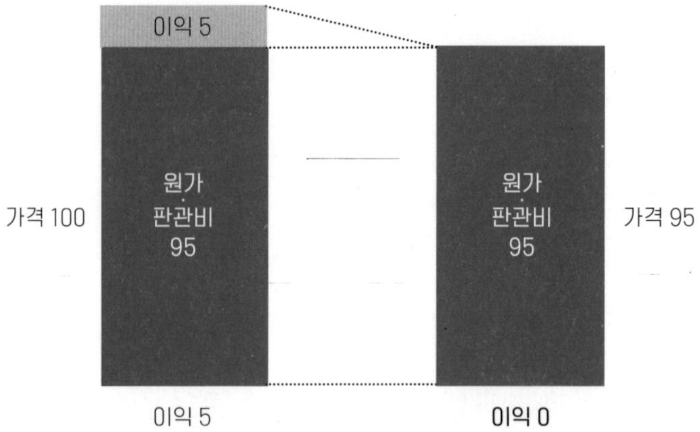

하는데, 무엇을 어떻게 해야 할지 모르겠다"는 사람들이 많다.

업무에서 중요하다는 것은 누구나 알고 있지만, 그 정의가 무엇인지, 실제로 유능한 사람이나 실적이 좋은 회사에서 어떻게 부가가치를 만들고 있는지는 잘 알려지지 않았다. 회사생활을 오래 했어도 부가가치에 대해 체계적으로 배웠거나 알기 쉽게 설명할 수 있는 사람은 드물다. 그것이 부가가치라는 말의 현주소다.

생산활동을 하는 누구라도, 어떤 역할을 하든 상관없이 '부가가치를 만드는 법'을 습득하고, 매일 하는 업무에서 실천할 수 있도록 알기 쉽게 설명한 것이 바로 이 책이다.

이 책은 생산성을 높이고 싶은 회사원과 사업가를 위한 '업무의 기술'을 다루었다. 쓸데없는 일을 줄이고 정말로 가치 있는 일에 집중하는 방법과 사고방식을 담았다. 불필요한 노력을 기울이는 시간을 줄인다는 차원에서 '시간 활용법'이라는 주제도 담고 있다.

'더 적게 일하며 더 많은 이익을 낼 수 있는 회사를 만들고 싶다'고 생각하는 경영자와 관리자는 경영서로 읽을 수도 있다. 이렇게 모든 비즈니스 활동의 근간을 지탱하는 것이 부가가치다.

이 책에서 전달하는 부가가치를 만드는 법은 일하는 사람 모두에게 필요한 기술이다. 급여는 제자리인데 물가는 급상승하는 험난한 시대를 살아나가기 위한 최소한의 교양이다.

나는 경영 컨설팅 회사인 주식회사 가쿠신(Kakushin)의 대표이사를 맡고 있다. 우리 회사의 컨설팅을 받은 주요 기업들의 성과로는 다음과 같은 사례가 있다.

- 매출 500억 엔 규모 인력회사 월 수익 8900만 엔 증가
- 매출 200억 엔 규모 콜센터 월 매출 1.4억 엔 증가
- 연 매출 50억 엔 규모 드레스 매장 월 매출 2400만 엔 증가

단기간에 이익을 급속히 증가하도록 이끄는 경영 컨설팅·기

업연수를 지금까지 100곳이 넘는 회사에서 300가지 이상의 업태에 시행해 왔다.

나는 대학을 졸업한 후 키엔스(Keyence)에 입사했다. 운 좋게도 본사의 컨설팅 엔지니어가 되었다. 그곳에는 뛰어난 동기와 선배가 있었고, 회사의 구조도 우수했다. 근무하는 동안 판매 촉진 기술, 해외 판매 노하우를 갈고닦으며 신상품 출시를 포함해서 다양한 경험을 했다.

지금 키엔스는 영업이익률 50% 이상, 평균 사원 급여가 2000만 엔을 넘는 엄청난 회사다. 키엔스가 어떻게 부가가치를 만들고 있는지 그 구조에 대해서는 3장에서 설명한다.

키엔스 근무 경험은 컨설팅 사업에 도움이 되지만, 그 경험만으로는 부가가치를 만드는 법을 누구나 실천 가능한 노하우로 전달할 수 없다.

현재의 자리에 이르기까지 우여곡절이 많았다. 키엔스를 그

만두고 나는 여러 사람과 함께 독립적인 파이낸셜플래너(재무설계사)를 육성하는 사업을 시작했다. 그리고 단 두 달 만에 200인 이상의 사람을 모았고, 그에 상응하는 매출을 거두었다.

하지만 나는 결국 반년 만에 주저앉고 말았다. 후속 조치를 하는 구조, 꾸준히 판매하는 구조, 계속 이익을 내는 구조, 적절히 보수를 배분하는 구조 등 사업 운영에 필요한 것들을 제대로 준비하지 않고 사업을 추진했기 때문이다. 당시를 돌이켜보면 정말 미숙했었다.

사업에 실패한 뒤 키엔스에 근무할 때 샀던 아파트를 팔고 오갈 데 없이 처가에 얹혀사는 신세가 되었다. 돈을 벌기 위해 무엇을 해야 좋을지 모르는 백수에다가 갓 태어난 아기도 있었다. 당연하게도 가족을 먹여 살릴 수 없는 처지였다.

그러던 중 알고 지내던 사업가와 상담을 한 것이 계기가 되어 약 100개의 점포를 운영하는 요식업체에서 일하게 되었다.

한 대에 30만 엔인 기계를 팔아 15만 엔의 이익을 내는 키엔스라는 회사에서, 한 그릇에 500엔인 덮밥을 팔아 15엔의 이익을 내는 회사로 옮겨간 것이다.

거기서 한 달에 25일, 아침 9시부터 자정까지 일하고 월급은 25만 엔 받던 때가 있었다. 나중에 시급으로 환산해보니 666엔이었다. 아이를 부양해야 하는데 수입은 늘 모자랐다.

그때는 정말 필사적으로 일했다. 하지만 대가는 그것밖에 돌아오지 않았다. 물론 그 회사에서 채용해준 것은 지금도 깊이 감사하고 있다. 그 마음은 평생 잊지 않을 것이다. 하지만 12월의 늦은 밤, 집으로 터덜터덜 돌아가는 길에서 행복해 보이는 커플이나 기분 좋게 술에 취한 사람들이 눈에 띄면 부아가 치밀었다.

얼마나 속 좁은 말들을 혼자서 내뱉었는지, 얼마나 어두운 표정으로 걷고 있었는지는 잘 기억나지 않는다. 사람들을 호의적으로 대할 여유가 없었다. 잘해주고 싶다고 생각해도 실제로 도와줄 여유가 없었다.

하지만 이때의 경험으로 나는 일을 할 수 있다는 것이 얼마나 감사한지 깨달았다. 또 키엔스에 있을 때는 알 수 없었던 최종 사용자와의 직접적인 관계에서, 부가가치를 만드는 데 꼭 필요한 깨달음을 얻었다. 부가가치의 중요한 열쇠가 되는 '감동이야말로 가치의 원천'이라는 말을 배운 것도 이 시기다. 이 말의 의미는 본문에서 자세히 설명할 것이다.

내 인생은 순풍에 돛을 단 듯 평탄하지는 않았다. 우여곡절을 거치며 다양한 업종·업태의 회사와 그곳에서 일하는 사람들을 접해왔다. 그러면서 성공하는 회사와 사람, 일반적인 회사와 사람, 잘되지 않는 회사와 사람의 차이를 발견했다.

나는 그렇게 차이가 나는 원인이 '부가가치를 만드는 구조의 차이'라는 것을 알게 되었다. 이에 대한 이해를 바탕으로 누구나 따라 할 수 있는 컨설팅을 할 수 있었다. 현재 내가 B2B(기업 대 기업), B2C(기업 대 소비자), B2B2C(비즈니스 파트너를 통해 최종 사용자에게 서비스를 제공하는 사업 모델 – 옮긴이) 등 업종과 업태를 불문하고 다양한 회사에 컨설턴트로서 가치를 제공할 수 있는 것은 이런 경험이 바탕에 깔려 있기 때문이다.

지금은 감사하게도 고객사들이 알려준 연간 예상 부가가치 증가액이 50억 엔을 넘었다. 고객사들의 부가가치가 오르고 있다는 것은 그 기업들에 대한 고객의 호응이 늘어나고 있다는 뜻이다. 나는 이것이 더할 나위 없이 기쁘다.

지금까지 내가 쌓아온 부가가치의 노하우를 이 책에 모두 정리했다. 이 책에서 전달하는 '부가가치를 만드는 법'이 여러분의 업무 생산성을 높이고, 회사의 이익을 늘리며, 고객 만족도를 높이기를 바란다. 그것이 최종적으로 우리의 인생 전반을

풍요롭게 할 것이라고 확신한다.

세상에는 부가가치와 연동되지 않는 자본×자본 같은 흐름이 있고, 이 책에서는 그런 부분을 제외했음을 밝혀둔다. 이제 본격적으로 부가가치에 대한 이야기를 시작해보자.

차례

제3장 부가가치를 창조하는 키엔스의 조직 구조

제4장 법인 고객을 끌어들이는 여섯 가지 가치

제5장 니즈 탐색에서 가치 실현까지

제6장 부가가치 극대화

제1장

가치와 부가가치

고객이 가치를 느끼지 못하는 고사양 상품을 기획하면

연이어 비극이 발생한다. 고사양 기능을 실현하려면 생산 비용,

원가, 인건비가 모두 상승한다. 이런 상품을 계속 만드는 것은

생산성 향상은커녕 적자로 가는 지름길이다.

가치를 모르면
수익은 오르지 않는다

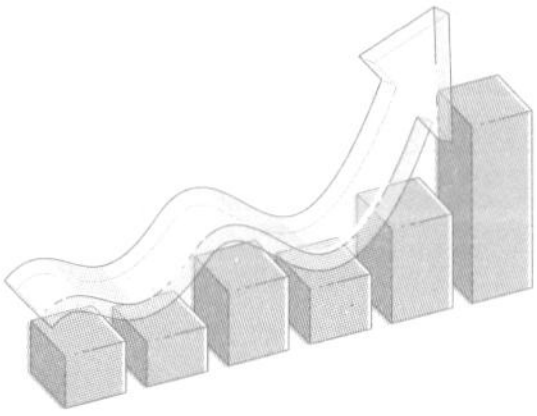

이 책에서 다루는 가치, 부가가치를 명확하게 정의해 보자.

가치란 고객이 느끼는(결정하는) 것이다.

이것이 이 책에서 말하는 가치의 정의다.

그렇다면 부가가치란 무엇일까?

부가가치의 원천은 니즈(needs)다.

가치는 상품이나 서비스에 대해 고객이 효용과 필요성을 느끼는 것이며, 부가가치는 고객의 니즈를 실현하는 것이다. 이런 설명이 와닿지 않더라도 걱정할 필요 없다. 앞으로 다양하고 구체적인 예시를 통해 고개가 절로 끄덕여질 만큼 알기 쉽게 설명할 것이다.

사업을 전개할 때는 자사에서 매입한 상품의 가치에 어떻게 부가가치를 덧붙일 것인지, 그것을 어떻게 고객에게 판매하고 사용하게 할 것인지, 마지막으로 그 상품이나 서비스의 가치, 부가가치를 얼마나 느끼게 할 수 있는지가 중요하다. 부가가치를 창출하려면 이 과정 전반에 대해 생각해야 한다.

가치란 무엇인지 이해하지 못하고 관성에 따라 일하는 사람들이 많다. 가치를 이해하지 못하면 다음과 같은 일이 발생한다.

가치를 이해하지 못하면 처음부터 가치를 만들지 못한다.

→ 우연히 가치를 만들었다고 해도 다시 재현하지 못한다.

→ 재현하지 못하면 구조로 만들지 못한다.

→ 구조로 만들지 못하면 시스템으로 만들지 못한다.

→ 시스템으로 만들지 못하면 자동화하지 못한다.

→ 자동화하지 못하면 생산성이 낮다.

→ 생산성이 낮으면 보수도 적다.

만약 자신이 현재 받는 보수가 적다고 느낀다면 자기 자신, 또는 자신이 소속한 회사가 가치가 무엇인지 제대로 이해하고 있는지 살펴보아야 한다.

우선은 가치를 제대로 이해해야 한다. 그것이 부가가치를 창출하기 위한 시작점이기 때문이다. 그다음 자신의 업무 하나하나가 가치가 있는지 없는지, 시간 낭비는 없는지 판단해야 한다.

자신이 평소 하는 업무에 대해 다음 세 가지 질문을 해보자.

① 고객의 구매 결정에 영향을 주는가?

② 상품과 서비스를 구매한 후 실제로 사용하는가?

③ 그것을 사용하면 도움이 되는가?

가령 건강식품을 판매하는 영업사원이 고객이 있는 곳으로 찾아가 열심히 상품을 설명했다고 하자. ①은 그 설명을 들은 고객이 "최근 몸 상태가 영 안 좋아서 계속 이런 제품을 찾고 있었어요. 구매하고 싶어요"라고 말하며 그 건강식품을 사는 것이다.

②는 그 건강식품을 구매한 고객이 이후에도 같은 상품을 지속해서 구매하는 것이다. 재구매를 통해 고객이 실제로 그 건

강식품을 사용한다는 것을 알 수 있다.

③은 그 건강식품을 꾸준히 섭취한 결과 몸 상태가 크게 개선된 고객이 문제를 해결해 "몸 상태가 좋아졌어!"라고 기뻐하는 것이다.

이 세 가지 중 어느 하나라도 해당한다면 그 업무는 가치가 있다. 주의할 점은 ①이 일어나지 않는 한 ②, ③도 일어나지 않는다는 것이다.

'가치가 없는 것=낭비'다. 매일 다양한 업무에 착수하면서 그 업무의 가치를 판단할 때, 이 세 가지 질문에 답해보면 좋을 것이다.

☞ 먼저 가치와 부가가치의 정의를 이해한다.

적자의 악순환에서 벗어나려면?

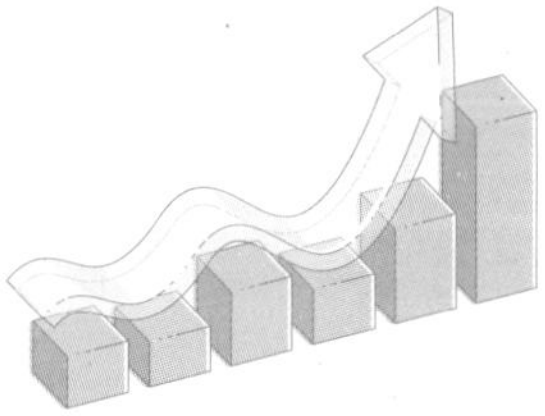

가치가 무엇인지 이해하지 못한 상태에서 만들어진 상품이나 서비스는 생각보다 많다. 가치를 창출하지 못하는 데 개발비, 인건비, 마케팅비를 쓰다 보면 이익이 점점 줄어들고, 적자의 악순환에 빠질 수도 있다.

누가 쓸데없는 데 돈과 노력을 기울일까? 그런 일은 별로 없을 것 같지만, 우리 주변에 정말 많이 있다.

과거 한 대형 가전 제조사가 '세척력 넘버원' 세탁기를 개발했다. 그 제조사는 가장 핵심적인 경쟁력으로 '세척력'을 내세우며 상품 홍보 대부분을 세척력에 대한 정보로 도배하고 대대적으로 광고했다.

그런데 생각해보자. 여러분은 세탁기의 세척력에 불만을 느낀 적이 있는가? 혹은 주위에서 세탁기의 세척력 때문에 어려움을 겪고 있다는 고민을 들어 본 적이 있는가?

내 경험으로는 "없다." 아내에게 물어봐도 대답은 같았다. 지금까지 세미나, 연수, 강연에서 3000명 이상에게 같은 질문을 했지만, 대부분이 그런 적 없다고 대답했다.

고객의 니즈는 고객의 고민과 불편에서 나온다. 고객은 니즈가 충족되기를 기대하고 상품이나 서비스를 구입한다. 그런데 세척력 때문에 고민하는 고객은 거의 없었으므로, 그 고사양 세탁기의 탁월한 세척력은 처음부터 고객의 니즈와는 거리가 멀었다.

한편, 세척력이 니즈를 좌우하는 제품은 세제다. 고객들이 세탁기에 원하는 것은 강한 세척력보다는 세탁 및 건조 용량, 건조 기능 추가, 적은 소음, 절수·절전 기능, 인테리어나 라이프스타일에 맞춘 디자인 등이다. 일정한 성능 수준을 넘어서면 세탁기의 세척력에는 가치가 없다. 이 업체는 고객이 진정으로 원하는 가치를 이해하지 못해 쓸데없이 고기능을 탑재한 세탁기를 개발한 것이다.

왜 이런 고사양 세탁기를 만들었을까? 아마도 사용자들이 정말 원하는 가치나 제조사가 제공해야 할 부가가치를 깊이 생각하지 않고, 만들 수 있는 기술이 있으니까, 혹은 개발자의 자부심을 위해 그렇게 만들었을 것이다.

고객이 가치를 느끼지 못하는 고사양 상품을 기획하면 연이어 비극이 발생한다. 우선 고사양 기능을 실현하려면 생산 비용이 많이 든다. 고사양에 맞춰 원가도 공정도 증가한다.

마케팅 담당자에게 그 사양을 크게 강조하도록 지시한다. 텔레비전 광고, 인터넷, 전단지, POP 등 다양한 미디어와 판촉물에서 그 사양이 최우선으로 강조된다. 영업사원에 대한 인센티브도 고객에게 고사양을 갖춘 그 신상품을 추천하도록 설계된다.

매장에서 현장의 소비자들은 어떤 반응을 보일까?

전혀 가치를 느끼지 못한다 → 사지 않는다 또는 가격 할인을 요구한다 또는 다른 상품을 구매한다.

이러면 개발비용도, 생산원가와 인건비 상승도, 마케팅에 들어간 비용도 모두 물거품이 되는 셈이다. 이런 상품을 계속 만드는 것은 생산성 향상은커녕 적자로 가는 지름길이다.

이런 비극은 가치를 이해하지 못하므로 생겨난다. 개발자나 마케팅 담당자, 어떤 특정 부서나 사람에게 책임을 물을 일이 아니다.

가치라는 개념을 모르는 것, 이해하지 못하는 것이 모든 사태의 원흉이다. 경영자나 책임자가 가치가 무엇인지 알고 있다면 이런 큰 실패를 사전에 막을 수 있다.

가치를 이해하지 못하는 것 이외에도 빠지기 쉬운 함정이 있다. 판매자는 '고객은 왜 구매하는가?'가 아니라 '어떻게 해야 팔 수 있는가?'에서 생각이 출발하는 경향이 있다. '어떻게 해야 팔 수 있는가?'는 판매자가 주체가 되는 발상이다. 그래서 경쟁력으로 내세울 만한 제품의 사양, 특성 등에 주목하게 된다.

그러나 비즈니스의 목표는 고객의 구매를 유도하는 것이므로 고객을 주체로 하는 '고객은 왜 구매하는가?'라는 발상에서 시작해야 한다.

내가 컨설턴트로서 클라이언트에게 가장 주의해서 질문하는 것이 이런 점이다.

"고객은 왜 귀사의 상품이나 서비스를 구매할까요?"

이 질문에 대한 답을 찾으면 고객을 구매로 이끌 수 있는 단서를 발견할 수 있다. 그리고 '어떻게 해야 팔 수 있는가?'라는 생각으로 그동안 얼마나 헛수고를 해왔는지 알게 된다.

부가가치를 창출하기 위한 첫걸음으로 '어떻게 해야 팔 수 있는가?'에서 '고객은 왜 구매하는가?'로 사고를 전환하자.

☞ 가치가 무엇인지 이해하면 치명적인 실패를 막을 수 있다. '어떻게 해야 팔 수 있는가?'가 아니라 '고객은 왜 구매하는가?'를 생각한다.

충분히 검토하지 않은 신사업, 신상품의 위험

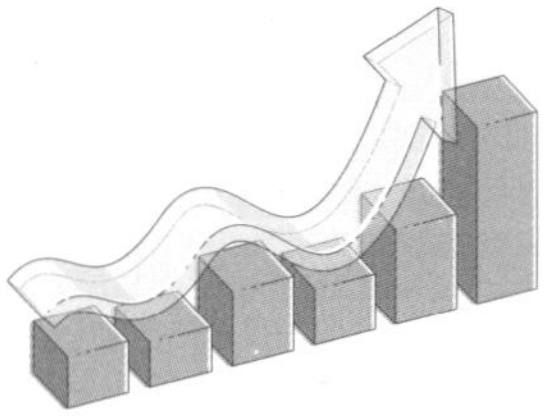

키엔스에서는 마켓인(Market in) 형태로 고객의 니즈에 초점을 맞춰 신상품을 기획하고 개발한다.

- 고객은 왜 구매하는가?
- 정말로 그 상품·기능을 사용하는가?
- 사용한다면 정말로 도움이 되는가?
- 어떤 도움이 되는가?

이런 항목을 기획·개발 전에 철저히 따져보는 과정을 거친다.

고객의 니즈를 알기 위해 시장 조사가 중요하다. 당연한 얘기지만, 고객의 니즈를 확인하는 시장 조사를 키엔스처럼 철저하게 하는 회사는 많지 않다. 어떤 점에서 차이가 날까?

고객에게 직접 물어보는가?

그 상품을 개발하면 고객이 정말 구매하겠다고 말하는가?

키엔스는 공장자동화 기기를 만드는 제조회사다. 그리고 주문 제작이 아니라 표준 제품을 만드는 업체다. 표준 제품을 만들면서 신상품 기획·개발 전에 구매자에게 그렇게 세세한 니즈를 확인하는 것은 일반적이지 않다.

키엔스의 신상품 기획자는 상품을 만들기 전에 현장에 찾아가서 고객에게 직접 필요한 사항들을 확인하고, 그 기업이 어떤 어려움을 겪고 있는지 조사하고 분석하는 단계를 철저히 거쳐, 그 결과를 상품개발에 반영한다.

철저한 시장 조사 없이 내놓은 상품, 서비스는 모두 가설을 바탕으로 만들어진다. 팔릴지 안 팔릴지 전혀 모르는 상태에서 만드는 것이다.

신사업·신상품 성공률이 낮은 원인은 대부분 이렇게 가설 수준에서 론칭하기 때문이라고 해도 과언이 아니다. 그리고 신사업·신상품 실패는 회사 전체의 이익을 급격히 떨어뜨린다.

☞ 키엔스는 신상품 기획·개발 전에 철저하게 고객의 니즈를 조사하고 상품개발에 반영한다.

사람의 수명을 낭비하는 가치 없는 사업

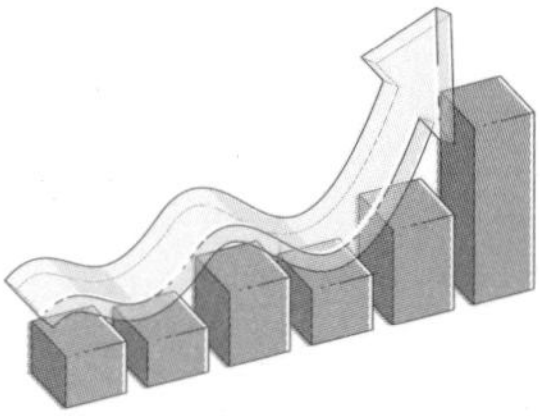

앞서 고객 니즈에 부합하지 않는 고사양을 탑재한 세탁기 개발이 큰 낭비를 불러왔다고 이야기했다. 그런데 그때 낭비되는 것은 비용만이 아니다. 또 하나 중요한 것이 낭비되고 있다. 그곳에서 일하는 사람의 시간, 좀 더 직설적으로 표현하자면 사람의 수명이다.

쓸데없는 사양이 탑재된 가전을 만들었을 때 그 상품의 개발·제조에서 발매·홍보까지 사람의 수명이 얼마나 낭비되었는지 대략 수치화해보자.

- 개발 부문 직원 20명×2년
- 공장 제조라인 직원 10명×2년

- TV 광고 제작진 10명×3개월
- 상품 홈페이지 제작진 5명×6개월
- 전단지, POP 등 제작진 5명×2개월
- 판매원 1000명×1시간×200일
- 판매원의 설명을 들은 고객 400만 명×3분

합계 100년이 넘는 이 모든 시간이 가치 없이 낭비된다. 경제적 손실은 물론이고, 정말 사람의 수명이 낭비되는 것이다. 기업이 사람의 수명을 존중하지 않는다는 뜻은 아니다. 누구나 사람의 수명이 무엇과도 바꿀 수 없이 귀중하다는 것을 알고 있다. 그러므로 이런 사실을 알게 되면 인간의 한정된 시간이 헛되이 쓰이는 것이 아깝고, 괴로워지기까지 한다. 이런 낭비와 비효율이 많은 기업에 만연해 있다. 왜 이런 비극이 일어날까?

다시 말하지만, 가치를 이해하지 못했기 때문이다. 모든 비즈니스 활동에는 사람의 시간이 들어가기 때문에 그것이 가치 있는 곳에 사용되는지 아닌지가 부가가치, 생산성의 문제로 직결된다.

다만 가치를 추구하는 행동에는 결과적으로 가치를 창출하지 않는 행동도 부수적으로 많이 따를 수밖에 없다. '이것은 가치가 있을까?'라는 가설을 세우는 작업, 그 가설을 입증하기 위한 행동 중에는 직접적으로는 가치와 연결되지 않는 일도 많다. 이것은 낭비가 아니다. 오히려 비즈니스 사고를 훈련해서 나중에 가치를 창출할 가능성이 커지는 훌륭한 행동이다.

☞ 모든 비즈니스 활동에는 사람의 수명이 사용된다. 무엇과도 바꿀 수 없는 귀중한 것이므로 낭비하지 말고 가치 있는 곳에 사용해야 한다.

왜 돈을 내는 고객이 고맙다고 말할까?

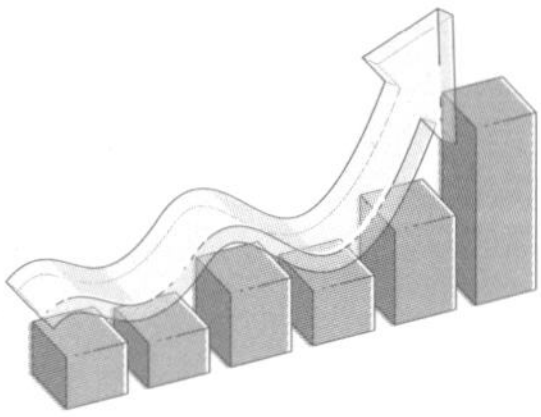

우리는 대개 돈을 낸 고객에게 "고맙습니다"라고 감사의 마음을 전한다. 돈을 받는 쪽이 고객에게 감사 인사를 하는 것이 일반적이다.

그렇다면 반대로 고객이 "고맙습니다"라고 말할 때는 언제일까? 여기에는 지극히 간단한 이론이 존재한다.

가치 > 고객이 내는 돈

이럴 때 고객은 감사를 표한다. 받은 가치의 크기가 대가로 낸 금액보다 크다고 직관적으로 느끼기 때문이다. 그때 고객의 마음은 다음과 같다.

• 감사합니다. 당신에게 구매해서 다행이네요.

• 감사합니다. 최고의 상품을 살 수 있었어요.

• 감사합니다. 이득을 봤네요!

반대가 되면 어떨까?

가치 < 고객이 내는 돈

당연히 돈을 내는 고객이 상대에게 감사하는 마음을 느낄 수 없다.

이렇게 돈을 받으면서 고맙다는 말을 듣는 느낌(기쁨이나 만족감)을 알면 일하는 보람이라는 말의 의미를 실감할 수 있다. 상대에게 높은 가치를 제공해 기쁨을 주고, 그 사람에게 돈을 받을 뿐만 아니라 감사도 받는다.

이것이 돈과 가치와 행복의 기본적인 구조다. 이 구조가 작동하면 부가가치를 만들면서 행복을 느낄 수 있다.

☞ 고객이 내는 돈보다 더 큰 가치를 제공하는 것을 목표로 한다. 그러면 부가가치를 만들면서 행복도 느낄 수 있다.

부가가치를 만드는 사람이 되기 위해

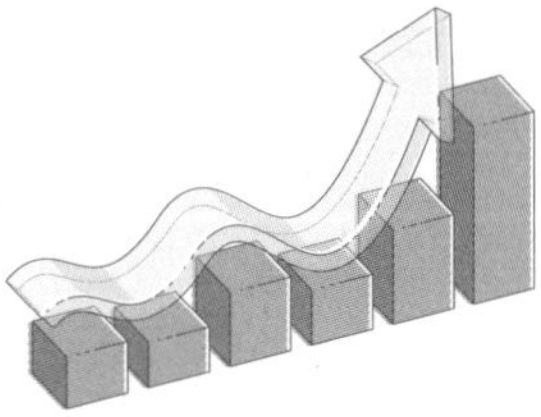

부가가치를 계산하는 방법은 일반적으로 다음과 같다.

- 공제법 : 부가가치=매출액-외부 구매 가치(원재료비, 운송비, 외주 가공비 등)
- 가산법 : 부가가치=경상이익(경영활동으로 발생한 이익)+인건비+임차료+감가상각비+금융비용+조세 공과금

계산식을 알고 있다고 해서 부가가치를 만드는 사람이 될 수는 없다. 이것은 어디까지나 판매자의 계산식이기 때문이다. 가치를 느끼는 주체는 고객이다.

부가가치를 만드는 출발점은 이제까지 설명했듯이 가치가

무엇인지를 아는 일, 고객을 이해하는 일이다. 모든 것은 그로부터 시작된다.

공제법과 가산법 계산식으로 생각하면 가치라는 관점에서 생각하기가 어려워진다. '고객은 어떤 것에 가치를 느끼는가?'라는 점에 집중해야 한다. 그럴 수 있다면 부가가치를 만드는 사람으로 첫발을 내디딜 수 있다.

이 책에서는 다음과 같은 간단한 개념으로 부가가치를 만드는 법을 전달한다.

- 가치는 고객이 느끼는 것
- 부가가치=가치-외부 구매 가치

영업, 마케팅, 상품 기획·개발 일을 하는 사람뿐 아니라 총무나 인사 등 백오피스(Back office) 업무 담당자, 프리랜서나 개인사업자에게도 공통으로 적용되는 내용을 담았다.

2장부터는 표를 참고하면서 부가가치의 본질과 부가가치를 만드는 구조에 대해 자세히 설명한다.

☞ '부가가치=가치-외부 구매 가치'의 관점에서 생각한다.

제2장

부가가치의 구조와 종류

사람은 부정적인 감정에서 긍정적인 감정으로

바뀌는 일에 가치를 느끼고 돈을 낸다.

고난과 좌절로 의기소침하고 절망과 낙담에 빠진 상태에서

다시 한번 만족감, 행복, 기쁨을 느끼고 싶다면

지출을 마다하지 않는다.

고객에게 해서는 안 될 말

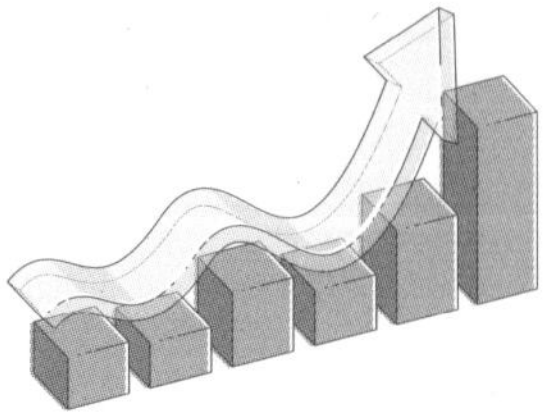

1장에서 설명했듯이 부가가치를 만드는 사람이 되려면 먼저 가치가 무엇인지 제대로 이해해야 한다. 이 책에서 '가치란 고객이 느끼는(결정하는) 것'이라고 설명했다. 이 정의를 알기 쉬운 사례로 살펴보자.

내가 열 번째 결혼기념일을 맞이했을 때의 일이다. 10년 동안 고생한 아내가 고마웠던 나는 단둘이 특별하게 기념하고 싶어 오사카 시내에 있는 모 일류 호텔을 선택했다. 그 호텔은 우리가 결혼식을 올린 곳이었다. 원점으로 돌아가 같은 장소에서, 데이유스(Day Use, 당일 사용) 예약을 하고 뜻깊은 시간을 보내려고 했다.

인터넷으로 알아보았는데, 호텔 1층에 있는 이탈리안 레스토랑에서 식사하는 일정으로 5~6만 엔에 예약할 수 있었다. 같은 호텔에는 프렌치 레스토랑도 있었는데, 나는 거기서 식사하고 싶었다. 호텔에 전화를 걸어 "이 레스토랑에서 식사하면 요금은 얼마가 될까요?"라고 물어보았다. 그러자 전화를 받은 호텔 직원은 고객에게 절대로 해서는 안 되는 한마디를 덧붙여 다음과 같이 설명했다.

"고객님, 그 코스로 하시면 가격이 좀 비싸서 16만 엔이 됩니다만……."

이 상황에서 호텔 직원이 절대 고객에게 하면 안 되는 말은 무엇일까? 바로 "비싸다"라는 한마디였다. 이 말을 듣는 순간 다음과 같은 생각이 머리를 스쳤다.

'아내와 나의 소중한 결혼기념일인데. 우리 결혼기념일에 돈을 얼마나 써서 어떻게 기념할지, 그게 비싼지 싼지를 결정하는 것은 우리가 할 일인데. 왜 판매자가 멋대로 비싸다고 서비스의 가치를 결정하는 거지? 이 호텔에서는 내가 원하는 가치 있는 서비스를 받을 수 없을 것 같아.'

호텔의 데이유스에 16만 엔이라는 금액은 분명히 저렴하다고 할 수 없다. 일반적으로 생각하면 비싼 가격이다. 하지만 내게는 인생에 한 번밖에 없는 소중한 결혼 10주년이었다. 비용이 늘더라도 아내에게 고마운 마음을 충분히 전달하고 싶었다.

비싼지, 그렇지 않은지는 당연히 내가 판단할 문제였다.

"아, 그렇군요. 알겠습니다. 생각 좀 해볼게요."

나는 이렇게 대답하고 결국 그 호텔 레스토랑이 아닌 다른 음식점을 찾아 예약했다.

☞ 고객이 구매를 통해 실제로 달성하려는 목적이 무엇인가에 집중한다.

기꺼이 3배 이상 돈을 내도록 만드는 가치

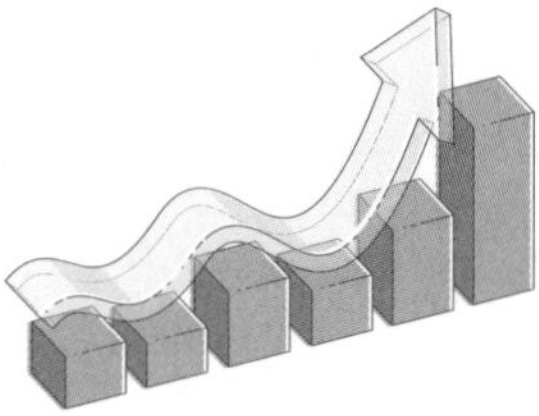

열 번째 결혼기념일 이벤트 얘기를, 결혼기념일에 이용한 호텔에서 과거 우수 영업사원이었던 여성에게 털어놓았다. 내가 잘 아는 사람이었는데, 그녀가 그 호텔에서 세운 결혼식 연간 판매기록은 아직도 깨지지 않았다. 그녀는 "그런 일이 있었어요? 호텔 대응이 형편없네요. 저 같으면 다지리 씨가 50만 엔 이상 돈을 쓰게 했을 거예요"라고 말했다.

50만 엔이면 내가 예약하려고 했던, 프렌치 레스토랑을 포함한 코스 16만 엔의 3배 이상이다. "어떻게 50만 엔 이상을 쓰게 하나요?"라고 묻자 그녀는 이렇게 대답했다.

"다지리 씨, 10년 동안 부인이 얼마나 고생하셨나요? 1년마다 어떤 일이 있었는지 전부 제게 자세히 알려주세요. 그리고 어떻게 기념할 것인지 함께 상의해요. 예를 들어 방 한쪽 면에 꽃을 장식해서 부인을 기쁘게 해드리거나 모든 호텔 직원이 부인을 지나칠 때마다 축하해드리는 거죠. 작은 결혼식과 비슷한 그런 서프라이즈한 이벤트를 호텔 직원 전체가 하나가 되어 준비하는 거예요. 특별한 이벤트로 다지리 씨 부부가 앞으로 10년간, 아니 그 이후로도 행복하게 추억할 시간으로 만들어드리겠다고 제안하면 어떨 것 같아요?"

나는 자연스럽게 "아, 그럼 50만 엔을 쓸지도 몰라요"라고 대답했다. 그녀의 제안은 가격이 저렴한지 비싼지 자신이 결정하지 않고, 제공하는 서비스의 가치를 내가 결정하게 해주는 것이었다. 고객인 내가 마음속으로 생각하던 '충분히 가치 있는 서비스라면 금액이 커도 기꺼이 내겠어'라는 속마음에 부응하는 제안이었다.

앞의 사례에서는 가치를 구매자인 고객이 아니라 판매자인 호텔이 결정했다. 이것은 호텔이라는 서비스업에서는 큰 실수라고 할 수밖에 없다. 물론 나를 응대한 직원이 악의를 품고 한 말이 아님을 잘 알고 있다. 아마도 양심상 가격이 비싸다는 사실을 알려주고 싶었을지도 모른다. 하지만 판매자 쪽에서 마음대로 가치를 판단하는 언행을 해서는 안 된다. 가치 판단은 고객이 하는 것이다.

내가 원하는 것은 아내에게 10년 동안 고마웠던 마음을 전달하는 일이었다. 결과적으로 고액의 돈이 들어간다고 해도 말이다. 그러나 나를 응대한 직원은 제공하는 서비스의 가치를 시간이나 원재료비, 요리의 품질 등 단순히 상품과 가격의 비교로 파악한 것 같다. 그렇지 않으면 고객에게 "이 서비스는 가격이 좀 비싸"다는 말이 나올 리가 없다. 서비스를 제공하는 측이 결정하는 가치는 판매자가 마음대로 생각한 것이지, 진정한 가치가 아니다.

이 호텔의 사례처럼 판매자가 생각하는 가치와 고객이 실현하고자 하는 가치 사이에는 종종 큰 격차가 있다. 그 격차를 좁히지 못하면, 즉 가치가 무엇인지 제대로 이해하지 못하면 부가가치를 만들어낼 수 없다.

가치를 느끼는 주체는 어디까지나 고객이다. 고객이 가치의 유무를 결정한다는 기본을 어떤 상황에서도 망각해서는 안 된다.

☞ 가치 판단은 고객이 한다. 판매자가 마음대로 가치를 판단하는 언행은 절대로 해서는 안 된다.

니즈야말로 부가가치의 원천

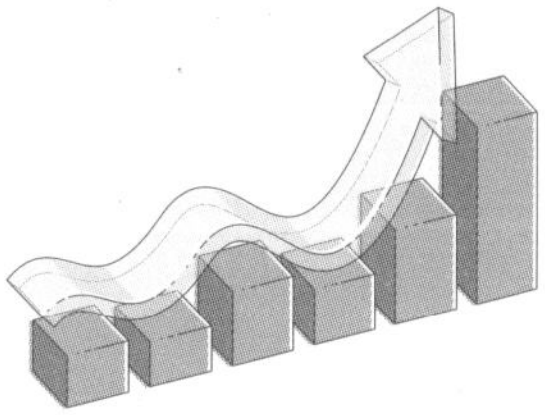

1장에서 "부가가치의 원천은 니즈"라고 표현했다. 이 말대로 부가가치는 전부 고객의 니즈에서 생겨난다.

고급 레스토랑이나 맛집에 가면 요리의 재료와 조리법에 대해 요리사나 직원이 정중하게 설명해주기도 한다. 여유로운 분위기의 축하 자리에서 이런 설명을 들으면 품격이 느껴지고, 식사를 한층 즐길 수 있다. 유명 식당의 대표 메뉴를 일부러 맛보러 온 손님들도 재료나 요리법 등을 자세히 알고 싶으므로 그런 서비스에 기뻐하고 감탄한다.

하지만 뭔가 복잡한 이야기를 하는 경우, 예를 들어 진지한 상담이 진행 중이거나 친한 친구끼리 재미있는 이야기로 들떠 있을 때는 어떨까? 갑자기 "실례합니다"라면서 직원이 들어와 이야기의 흐름을 끊고 장황하게 요리를 설명하면 '아, 신경 써 주는 건 고맙지만, 솔직히 조금 성가시네'라고 느끼지 않을까?

두 경우 모두 '요리에 대한 자세한 설명'이라는 같은 행위를 하고 있다. 그런데 어째서 전자의 경우는 반가워하고, 후자의 경우는 성가시다는 마음이 들까?

전자의 상황에서는 요리에 대한 설명이 고객의 니즈에 부합하는, 부가가치를 창출하는 행위지만, 후자는 고객의 니즈에 부합하지 않기에 부가가치를 창출하지 않는 쓸모없는 서비스로 전락하고 만다.

고객의 니즈가 있는 부분에 제대로 서비스를 제공했을 때 비로소 부가가치가 생긴다. 일률적인 매뉴얼, 표준적인 서비스는 상대의 니즈가 없으면 헛수고가 된다.

☞ 같은 서비스라도 부가가치가 있을 때와 없을 때가 있다. 그 차이는 고객의 니즈가 있는지 없는지에 달려 있다.

부가가치의 구조

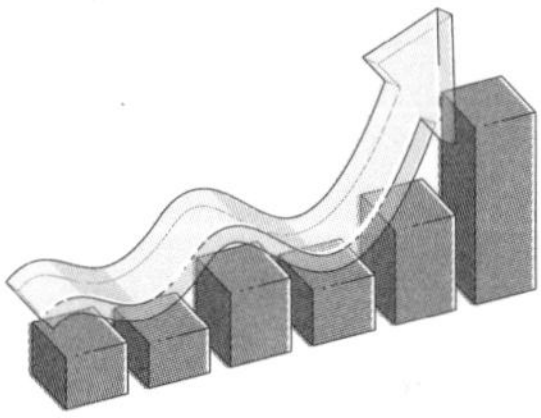

부가가치를 제공하려면 무엇이 고객에게 부가가치이고, 무엇이 부가가치가 아닌지 그 차이를 확실히 구분해야 한다. 표3을 보자.

이것은 내가 부가가치가 무엇인지 설명할 때 자주 사용하는 그림이다. 부가가치가 어떤 틀로 만들어지는지, 부가가치의 구조를 시각화했다. 부가가치는 어디에 있는가?

강연이나 세미나에서 이 질문을 하면 많은 사람이 '고객의 니즈'에서 선을 넘은 윗부분을 가리키며 "부가가치는 이 부분을 가리키는 것 같습니다"라고 말한다. 고객의 니즈를 뛰어넘는 것을 제공하는 것이 부가가치라는 생각이다. '부가가치를 제공하는 것=고객의 기대를 웃도는 어떤 플러스알파를 제공하

표3 부가가치는 어디에 있는가? ①

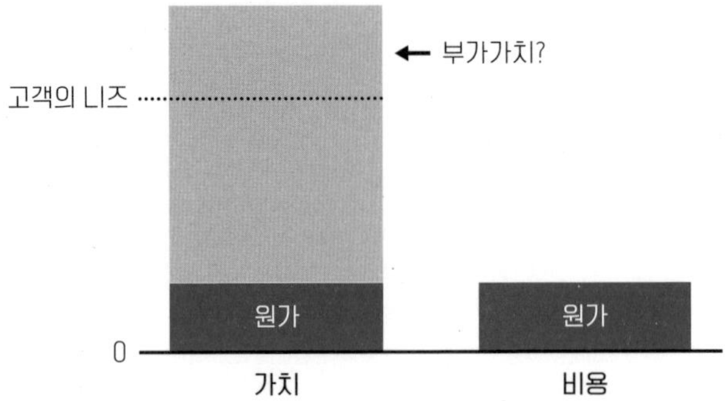

는 것'으로 생각하지 않는가?

하지만 유감스럽게도 틀렸다. 고객의 니즈를 넘어선 윗부분은 부가가치가 아니다. 이 부분은 고객에게 제공해도 부가가치가 되지 않는 '낭비'다. 왜 이 부분은 부가가치가 아니라 낭비일까?

그 이유는 여기까지의 내용을 잘 이해한 사람이라면 금방 알 수 있다. 고객의 니즈를 넘어서는 부분은 고객이 사용하지 않고 원하지도 않는 부분이다. 1장에서 설명한 고사양 세탁기의 '세척력 넘버원'이라는 특징이 낭비에 해당한다.

그렇다면 부가가치는 어디에 있을까? 원가를 넘어선 부분부터 고객의 니즈까지가 부가가치에 해당한다. 부가가치는 상품과 서비스가 본래 가지고 있는 가치에 부가하는 가치의 양이다. 그러므로 원가(본래의 가치)에 가산된 가치, 동시에 고객의 니즈를

표4 부가가치는 어디에 있는가? ②

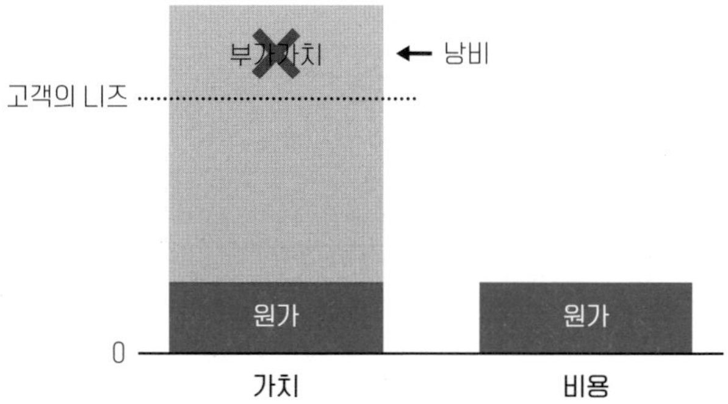

표5 부가가치는 어디에 있는가? ③

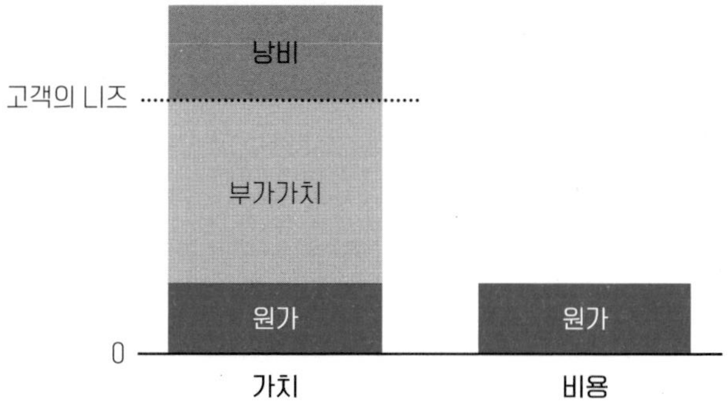

실현한 가치를 뜻한다.

회계상의 부가가치는 1장에서도 말했듯이 공제법과 가산법이라는 개념에서 나온다. 그러나 내가 이 책에서 정의하는 부가가치는 고객의 니즈를 바탕으로 만들어진다.

☞ 고객의 니즈를 넘어선 부분은 부가가치가 아니라 낭비다.

현재 니즈와 잠재 니즈

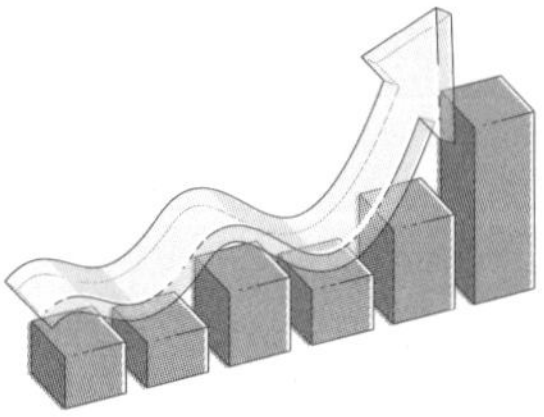

이제 부가가치의 원천인 '니즈'에 대해 더욱 자세하게 파고 들어 보자.

우선 니즈에는 현재 니즈와 잠재 니즈가 있다. 현재 니즈는 고객이 머릿속으로 기대하고 있는 것, 즉 고객 자신이 원하는 바를 스스로 명확하게 의식하고 있는 것이다. 표면적인 니즈라고 할 수도 있다. 새 컴퓨터를 갖고 싶다, 소고기덮밥을 먹고 싶다, 세련되게 보이고 싶다, 여행을 가고 싶다는 것 등이 현재 니즈다.

한편 잠재 니즈는 스스로 확실히 깨닫지 못하는 니즈다. 평소에는 의식하지 않지만, 타인에게 질문을 받거나 체험을 통해 '내가 갖고 싶은 건 이거였어' '이런 걸 하고 싶었어'라고 느끼는 것이 잠재 니즈다.

예를 들어 더 날씬해지고 싶은 마음이 있다고 해보자. 그것은 스스로 의식하고 있는 현재 니즈다. 그런데 왜 살을 빼고 싶어 할까? 잠재 니즈는 거기에 숨어 있다. 살을 빼서 인기를 얻고 싶은 걸까? 주위의 칭찬을 받고 싶은 걸까? 아니면 건강해지고 싶은 걸까?

살을 빼고 싶은 진짜 이유는 잠재된 상태로 의식하지 않을 수 있고, "살을 빼고 싶다"고 말하는 자신조차 왜 살을 빼고 싶은지 이유를 모르기도 한다.

현재 니즈보다 잠재 니즈가 더 중요하다. 현재 니즈는 쉽게 파악할 수 있어 기업에서 그 니즈에 부응하는 부가가치를 만들어 제공하기가 쉽다. 반면 고객도 잘 알지 못하는 잠재 니즈를

표6 부가가치의 전체 모습

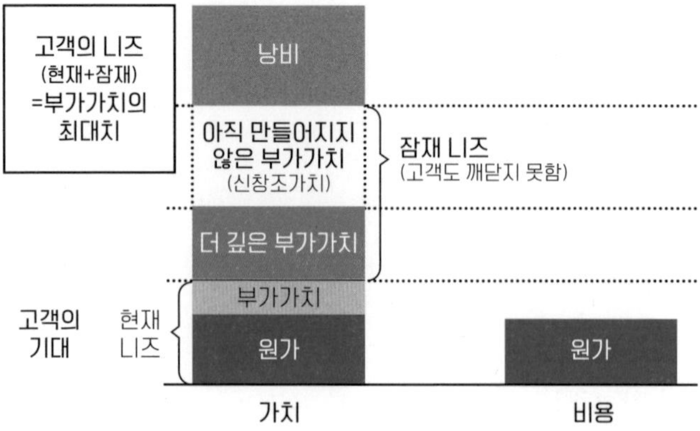

실현하려면 더 깊은 부가가치를 찾아내야 한다.

좀 더 세분화해서 부가가치의 전체 모습을 살펴보자. 원가의 바로 윗부분에 있는 것이 현재 니즈를 실현한 부가가치다. 그리고 그 위에 현재 니즈를 넘어서 고객도 깨닫지 못하는 잠재 니즈를 실현하는 더 깊은 부가가치의 영역이 있다.

키엔스에서는 고객도 깨닫지 못한 잠재 니즈를 철저하고 정확하게 찾아내어 그 니즈를 토대로 개발하고 설계한 제품으로 부가가치를 제공한다.

그런데 고객의 총체적인 니즈와 더 깊은 부가가치 사이에는 아직 만들어지지 않은 부가가치(신창조가치)라고 할 만한 영역이 있다. 아직 누구도 이루지 못한 가치가 생길 가능성이 있는 미지의 영역이다. 이 영역을 철저한 컨설팅 세일즈로 탐색해 새로운 부가가치를 갖춘 제품을 창조하는 것이 키엔스가 만들어내는 세계 최초, 업계 최초의 상품이다.

이렇게 더 깊은 부가가치와 아직 만들어지지 않은 부가가치를 창출하기 위해 잠재 니즈를 정확하게 이끌어내는 방법은 뒤에서 자세히 설명한다.

☞ 니즈는 현재 니즈와 잠재 니즈로 나뉜다. 더 깊은 부가가치를 제공하기 위해 잠재 니즈를 탐색해야 한다.

잠재 니즈를 공략해 인기를 끈 상품

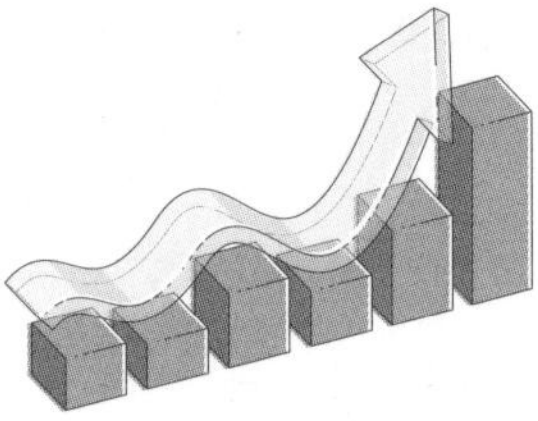

지금부터는 잠재 니즈와 부가가치의 관계에 초점을 맞춰 이야기하려고 한다. 우선 고객의 잠재 니즈를 파악해서 성공한 구체적인 사례를 소개한다.

소비자의 잠재 니즈를 파악함으로써 성공한 제품 중에 주방세제 용기가 있다. 주방세제 용기가 어떻게 바뀌어 왔는지 기억하는가? 과거에는 손으로 돌려서 열어야 하는 용기가 많았다. 지금은 살짝 누르기만 해도 세제가 나오고, 디자인이나 사용 방식도 다양하다. 언제부턴가 세제를 선택하는 기준이 세척력에서 사용의 편리성으로 바뀌었고 그런 잠재 니즈에 부응하는 제품들이 시장의 주류가 되었다.

최근에 소비자의 잠재 니즈에 부응한 획기적인 상품을 보고 감동한 적이 있다. 바로 슈파토(Shupatto)라는 쇼핑용 대형 에코백이다. 손바닥만 한 크기로 접혀 있는 가방의 양쪽 끝을 잡고 단숨에 확 펼칠 수 있는 제품이다. 쓰지 않을 때도 가방의 양쪽 끝을 잡고 쭉 당기면 쉽게 접을 수 있으므로 사용이 편리하다.

쇼핑할 때 장바구니나 에코백을 사용하는 것이 당연해진 풍조 속에서 '비닐봉지를 달라고 하거나 돈 주고 사는 것은 조금 부끄러워. 하지만 넣을 물건이 없을 때도 가방을 들고 다니는 건 짐이 생겨서 귀찮아. 뭔가 좋은 방법이 없을까?'라고 생각하면서도 굳이 입 밖으로 그런 말을 하지 않은 사람들이 많을 것이다. 슈파토는 그런 잠재 니즈를 포착한 획기적인 상품이다.

우리의 잠재 니즈에 부응하는 제품은 주변에 많이 있다. 눈앞의 상품이 어떤 잠재 니즈를 포착해서 기획되었는지 거듭 생각하다 보면 거기서 얻은 통찰을 업무에 활용하게 될 일이 반드시 생길 것이다. 주변에 있는 제품과 서비스를 잘 관찰해 보자.

☞ 주변에 있는 상품의 어느 부분에 부가가치가 있는지 매일 관찰한다.

키엔스는 잠재 니즈를 찾으러 현장에 간다

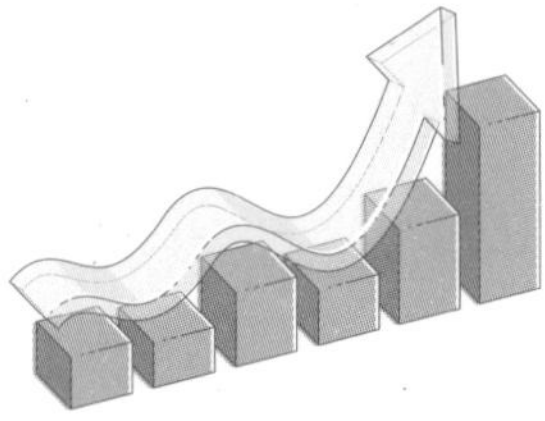

다음에는 비즈니스 현장으로 눈을 돌려 잠재 니즈에 대해 생각해보자. 모든 사원에게 태블릿을 지급해서 업무에 활용하려는 회사가 있다. 이 경우 태블릿을 도입하고 싶다는 것은 표면적인 니즈, 즉 그 회사의 현재 니즈다. 중요한 것은 "왜 태블릿을 도입하고 싶은가?"라는 본질적인 부분이다. 그것을 파고들면 그 회사의 잠재 니즈가 밝혀진다.

잠재 니즈는 '실제로 태블릿을 사용하는 상황=현장'에 존재하는 경우가 많으므로 태블릿 제조업체나 태블릿 기반 전산 시스템 회사의 영업사원이라면 우선 태블릿을 실제로 사용하는 현장에 가볼 필요가 있다. 현장에 가서 자세히 조사해보면 고객 스스로도 깨닫지 못하는 문제나 과제가 많다.

고객이 "현장의 생산성을 좀 더 높이고 싶어요"라고 말하면 키엔스는 "실제로 현장을 보여주실 수 있나요?"라고 말하고 영업 담당자가 현장으로 찾아간다. 잠재 니즈는 대개 고객과의 대화만으로는 알아낼 수가 없다. 현장을 조사하고 관찰해야 잠재 니즈가 보인다.

고객의 현재 니즈만 알고 있으면 경쟁사가 제공하는 제품·서비스와 차별화하기 어렵다. 현재 니즈를 충족하는 제품이나 서비스를 제공하는 회사는 많다. 다른 회사들보다 먼저 고객의 잠재 니즈를 파악하면 차별화를 통해 경쟁력을 강화할 수 있다.

고객의 잠재 니즈를 정확하게 포착하는 기업은 갈수록 강력해진다. 부가가치 제공과 차별화를 동시에 달성할 수 있기 때문이다.

흔히 제품이나 서비스를 이용할 가능성이 큰 가상의 인물을 대상 고객으로 설정하는 방법인 '페르소나 설정'으로 사용자의 니즈를 알 수 있다는 식의 대화가 마케팅 회의에서 오가는데, 실제로 만난 적이 없는 사람에 대해 가정과 추측을 얘기하면서 고객의 잠재 니즈를 포착하기는 어렵다.

어떤 제품·서비스에서 인기 상품을 만들어내려면 고객을 직접 만나 이야기를 듣고, 현장의 상황을 잘 관찰해서 잠재 니즈를 파악해야 한다.

☞ 현장은 잠재 니즈의 보고다. 잠재 니즈는 대개 고객과의 대화만으로는 알아내기 어렵다. 고객이 실제로 사용하는 상황을 관찰할 때 잠재 니즈가 보인다.

니즈 이면에 숨은 '감동'

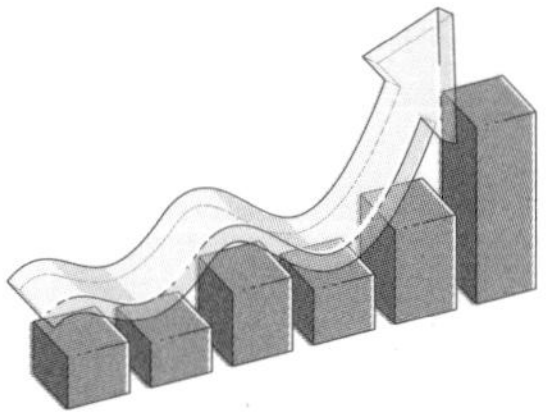

이제 고객에게 부가가치를 제공하는 데 잠재 니즈가 얼마나 중요한지 이해했을 것이다.

조금 시점을 바꾸어 니즈 이면에 숨어 있는 더욱 중요한 요소에 대해 생각해보자. 그 요소는 사람의 마음이 크게 움직이는 일, 바로 감동이다.

나는 사람이 느끼는 부가가치의 최소 단위를 감동이라고 생각한다. 사람은 진정한 니즈를 실현했을 때 감동한다.

에스더 힉스와 제리 힉스의 『감정 연습(Ask and It Is Given)』에서는 '에이브러햄 힉스(Abraham Hicks)의 22단계 감정'을 소개한다. 인간의 감정을 22단계로 구분했는데, 위쪽은 기쁨, 열정, 희망 등의 긍정적인 감정이고, 아래로 점점 내려갈수록 실

표7 에이브러햄의 22단계 감정

1 기쁨/진가를 인정한다=감사/힘을 줄 수 있다/자유/사랑	12 실망
2 열정	13 의심
3 열중/열심/행복	14 걱정
4 명확한 기대/신념	15 비난
5 낙관	16 낙담
6 희망	17 분노
7 만족	18 복수
8 지루함/태만	19 혐오/격노
9 비관	20 질투
10 갈등/초조함/성미가 급하다	21 불안/죄책감/부덕
11 압도당하다	22 공포/사별/후회/의기소침/절망/무력

망, 낙담, 불안, 공포 등의 부정적인 감정이다.

사람은 감정이 아래에서 위의 단계로 움직일 때 감동한다. 여기서 중요한 것은 사람은 감동, 감정이 움직이는 일에 가치를 느끼고 돈을 낸다는 사실이다. 고난과 좌절로 의기소침하고 절망과 낙담에 빠진 상태에서 다시 한번 만족감, 행복, 기쁨을 느끼고 싶다면 지출을 마다하지 않는다.

알기 쉬운 예를 들어보자. 일본에서 일반적인 물리치료 요금은 시술 시간에 따라 다르지만, 보험을 적용했을 때 한 번에 600엔~700엔이면 된다. 주 1회 받는다고 해도 반년에 1만 5천 엔 정도다.

그런데 내 지인 중에 물리치료를 자주 받으러 다니면서 반년 만에 10만 엔 이상을 쓴 남성이 있다. 손자를 둔 지긋한 나이에 허리 통증을 호소하는 그는 왜 그렇게까지 물리치료에 돈을 들이는 것일까? 그는 이렇게 생각하기 때문이다.

물리치료를 받으면 허리 통증이 완화된다.

→ 고통스러운 허리 통증이 완화되면 일에 집중할 수 있고, 귀여운 손자를 실컷 안아줄 수 있다.

→ 그 기쁨과 감동을 맛보기 위해서라면 반년에 10만 엔을 써도 아깝지 않다.

허리 통증으로 손자를 안아주지 못해 슬프고 괴로운 마음이 허리 통증을 개선하고 손자를 실컷 안아주면서 큰 행복을 맛보는 감정으로 바뀐다. 그 감동이 그에게는 기꺼이 많은 돈을 낼 높은 부가가치인 셈이다.

이처럼 부가가치는 사람의 감정과 밀접하게 연동되어 있음을 기억하자. 만약 상대의 감정이 '22단계 감정'에서 아래쪽에 있다면 그 감정에 공감해주고, 상대의 감정을 위쪽 단계로 끌어올린다. 그럴 때 사람은 부가가치를 느낀다.

사람들은 자기도 모르게 자신이 감동하는 것에 부가가치를 느끼고 돈을 내지만, 니즈는 사람마다 다르다. 상황이나 환경에 따라서도 달라지고 지불하는 금액도 달라진다.

예를 들어 여행을 생각해보자. 자기 혼자 또는 친한 친구와 기분전환을 위해 여행을 떠난다면 예산을 절약해서 알뜰하게 여행하고 싶을 수 있다. 하지만 오랜만에 온 가족이 여행을 떠난다면 가족에게 좋은 추억을 만들어 주고 싶을 테고, 많은 돈을 써서라도 특별한 경험을 하는 것이 목적이라면 여행의 예산은 전혀 달라진다. 수십만 엔 또는 백만 엔 이상을 쓸 수도 있다.

고객의 니즈가 어디에 있고, 무엇에 감동하는지, 그 감동에 어느 정도의 부가가치를 느끼고 있는지 항상 깊이 있는 관점과 넓은 시야로 탐색해보자.

☞ 부가가치의 최소 단위는 감동이다. 사람은 자신이 감동한 것에 부가가치를 느끼고 돈을 낸다.

부가가치의 세 가지 종류

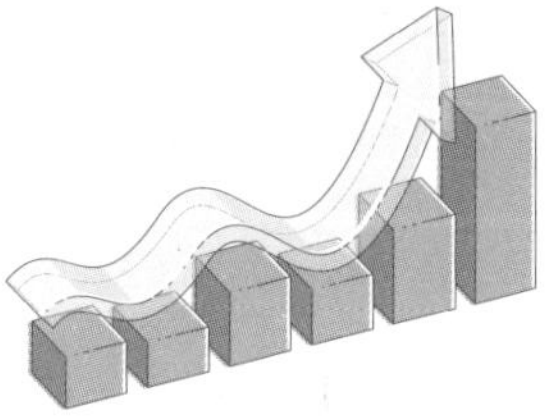

고객이 어떤 대상에 감정이 움직이고 부가가치를 느끼는지 이해하려면 부가가치의 종류를 좀 더 세분화해서 알아둘 필요가 있다. 나는 부가가치를 크게 세 가지로 분류한다.

① 치환 가치
② 리스크 경감 가치
③ 감동 가치

이를 하나씩 살펴보자.

① 치환 가치=지금보다 편리하게 지금과 같은 감정을 느낄 수 있는 가치

지금 사용하고 있는 제품이나 서비스를 다른 제품이나 서비스로 대체해서 더욱 편리하게 지금과 같은 기쁨, 행복, 만족을 느끼고 싶은 니즈를 충족하는 가치다. 예를 들어 과거에는 일반 전화로 통화하다가 지금은 휴대전화로 통화하거나 지금까지는 이메일로 소통하다가 SNS 메신저로 바꾸는 경우다. 도구를 대체해 지금보다 더 편리하게 현재의 감정 상태(기쁨이나 만족)를 유지할 수 있다.

승차 공유 서비스를 운영하는 우버(Uber)도 치환 가치를 보여주는 좋은 사례다. 이동 수단을 기존에 사용하던 택시에서 우버로 대체해 더욱 편리하게 같은 만족감을 얻을 수 있다.

② 리스크 경감 가치=괴로운 감정을 느끼는 리스크를 줄일 수 있는 가치

예를 들어 컴퓨터 보안 소프트웨어가 이 가치를 충족한다. 만약 컴퓨터가 바이러스에 감염되어 정보가 유출되었다고 하자. 그러면 우리는 비관, 낙담, 절망이라는 감정을 느낄 것이다.

그리고 '나중에 이런 일이 또 일어나면 정말 큰 일이겠구나'라고 생각한다. 그 리스크를 피하려고 보안 소프트웨어를 구입하고 필요할 때마다 업데이트하게 된다. 이때 보안 소프트웨어는 나중에 괴로운 감정을 느낄 위험을 줄일 목적으로 구매하는 것이다.

③ 감동 가치=지금보다 높은 단계의 감정을 느낄 수 있는 가치

감동 가치는 앞서 소개한 물리치료를 받으러 다니는 남성처럼 '허리가 아파서 괴로워'라는 감정이 '허리 통증이 풀리고 손자랑 놀아줄 수 있어서 정말 행복해!'라는, 지금보다 높은 단계의 감정으로 마음이 움직이는 것, 즉 감동을 느끼는 가치다.

앞서 말했듯 사람이 느끼는 부가가치의 최소 단위는 감동이다. 이 감동 가치야말로 세 가지 부가가치 중에서 가장 중요하다. 별 느낌 없는 치환 가치나 리스크 경감 가치와 달리 감동 가치는 그 사람이 실제로 강렬하게 의식한다.

그때 느끼는 것은 미지의 가치이며, 다른 두 가치보다 고부가가치가 된다. 따라서 부가가치를 만들려면 감동 가치에 대한 잠재 니즈를 탐색해 나가야 한다. 그 잠재 니즈를 알기 위해서는 실제로 고객을 만나서 고객과 함께 감동을 체감하는 것이 중요하다.

☞ 부가가치에는 치환 가치, 리스크 경감 가치, 감동 가치의 세 가지가 있다. 이중 가장 고부가가치는 세 번째 감동 가치다.

제3장

부가가치를 창조하는 키엔스의 조직 구조

키엔스가 내놓는 신상품의 70%가 세계 최초,

업계 최초의 상품이다. 고객의 잠재 니즈 속에 있는,

아직 누구도 이루지 못한 니즈를 실현한

'세계 최초, 업계 최초의 상품'으로

부가가치 전략과 차별화 전략을 동시에 추구한다.

구조가 '성과=부가가치'를 만든다

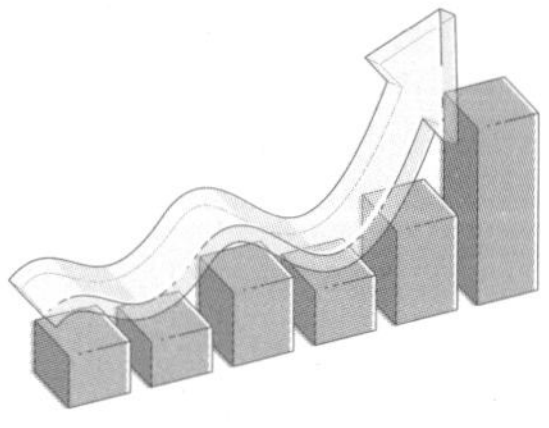

1, 2장에서 부가가치가 무엇인지, 부가가치는 어떤 구조에서 생겨나는지 설명했다. 3장에서는 키엔스에 초점을 맞춘다.

키엔스는 공장자동화용 센서와 계측기 등 다양한 기기를 개발하고 제조해서 판매하는, 일본 기업 시가총액 순위 2, 3위를 자랑하는 회사다. 직원의 평균 연봉은 2000만 엔이 넘고, 1인당 영업 이익이 1억 엔을 넘는 경이로운 회사로 큰 주목을 받고 있다. 일본의 미디어에서 키엔스를 소개하는 내용은 거의 비슷비슷하다. "영업에 대한 교육이 엄격하다" "영업력이 우수하다" "영업의 구조가 훌륭하다"라는 내용이 대부분이다.

그러나 조직 전체에 대해, 즉 본사 기능의 구조가 어떻게 되어 있고, 업무가 어떻게 돌아가는지는 거의 언급되지 않는다.

왜냐하면 미디어에서 소개하는 키엔스 출신 이직자와 퇴직자는 대부분 영업 분야 인재였던 사람들이기 때문이다.

키엔스의 영업 구조, 즉 철저한 수치 관리, 시간 관리, 롤플레잉 훈련, PDCA(Plan(계획), Do(실행), Check(평가), Act(개선)를 반복적으로 실행해서 목표를 달성하는 기법 – 옮긴이) 사이클 순환법 등에 대해서는 상세히 언급된다. 그것도 물론 매우 가치 있는 정보지만, 영업이 탐색해 온 고객의 니즈를 회사 전체적으로 어떻게 활용하고 있는지, 조직 전체가 어떻게 부가가치를 창출하고 있는지 자세한 이야기가 나오지 않아, 기존 소개자료들을 통해 키엔스라는 부가가치 창조 기업의 본질을 찾기란 쉽지 않다.

이 책에서 키엔스를 다루는 이유는 경이적인 성과를 내는 이 회사가 가장 중요하게 여기는 것이 부가가치가 높은 상품을 창조해 고객에게 제공하는 일이기 때문이다. 키엔스와 다른 회사가 어떤 점이 다른지 그 비밀을 찾아가면 부가가치를 만드는 법이 보일 것이다.

나는 키엔스라는 기업의 본질을 설명하기 위해 '구조가 성과를 만든다'는 개념을 사용한다. 이것은 내 전작의 제목이기도 한데, '성과는 구조, 즉 틀에 의해 만들어진다'는 사고방식이다.

우선 '우리는 구조에 의해서 움직이고 있다'는 사실을 이해

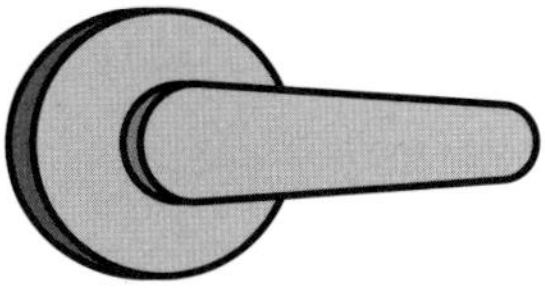

해야 구조가 성과를 만든다는 것을 받아들일 수 있다. 위의 그림을 보자.

문을 열고 들어가려고 할 때 문고리가 이런 모양이라면 어떻게 움직여야 할까? 아마도 누구나 자연스럽게 아래로 돌릴 것이다. 이렇게 우리는 문고리 모양에 맞게 일정한 행동을 취한다. 무의식적으로 구조를 파악하고 거기에 맞춰 행동하는 것이다. 이런 식으로 우리 생활은 수많은 '구조'에 의해 움직이고 있다. 이것을 깨달으면 우리 주변에 있는 무수한 구조가 눈에 들어올 것이다. '구조'에 의해 움직이는 예를 몇 가지 더 살펴보자.

- 주차장에 하얀 선이 그어져 있으면 그 선을 기준으로 차를 주차한다.
- 회의실 좌석마다 이름표가 놓여 있으면 이름에 맞춰 앉는다.
- 줄을 설 때 바닥에 발자국 모양이 두 줄로 되어 있으면 한 줄로 서지 않고 두 줄로 선다.

우리가 구조에 따라 움직인다는 사실을 이해했는가? 이렇게 구조에 따라 행동한다면 그 행동은 무엇에 영향을 미칠까? 바로 행동의 결과인 성과다. 즉 구조가 행동을 만들고, 동작이 성과를 창출해 결과적으로 구조가 성과를 만든다.

여기서 말하는 성과는 '부가가치의 창조·제공'이다. 기업이 고객을 위해 부가가치를 만드는지, 못 만드는지는 그 기업에 내재한 다양한 구조(틀)에 달려 있다.

키엔스의 사원은 평균적으로 입사 2년 차에 연봉이 1000만 엔을 넘는다. 키엔스의 모든 사원이 그 정도 연봉을 받을 만한 능력이나 기술을 갖췄을까? 나도 키엔스에서 일했으므로 말할 수 있다. 내 답은 그렇지 않다는 것이다.

그렇다면 왜 키엔스는 그만큼의 급여에 상응하는 성과를 낼 수 있을까? 그 답은 바로 높은 성과를 창출하는 구조에 있다.

즉 영업 구조, 상품기획·개발 구조, 마케팅·판매촉진 구조, 인사 구조 등 키엔스 조직의 모든 구조가 고객에게 부가가치를 제공하기 위한 구조로 되어 있어, 직원의 개인적인 능력이나 노력뿐만이 아니라 구조를 통해 모든 직원이 성과를 거둘 수 있다.

키엔스의 본질을 이해하려면 키엔스가 창업 때부터 고수해 온 경영이론과 구조에 대해 그 배경과 함께 전체적인 모습을 파악하는 것이 중요하다.

이번 장에서는 키엔스라는 조직의 구조를 풀어보고자 한다. 구조가 성과를 만든다는 개념에 대해서는 『구조가 성과를 만든다』에 자세히 썼으므로 이 책에서는 부가가치를 설명하기 위한 구조의 이해에 집중한다. 구조가 튼튼하면 부가가치를 반복해서 재현해 낼 수 있다.

☞ 고부가가치를 창출하는 구조를 이해하는 것이 본질에 접근하는 열쇠다.

최소의 자본과 사람으로 최대의 부가가치를 올린다

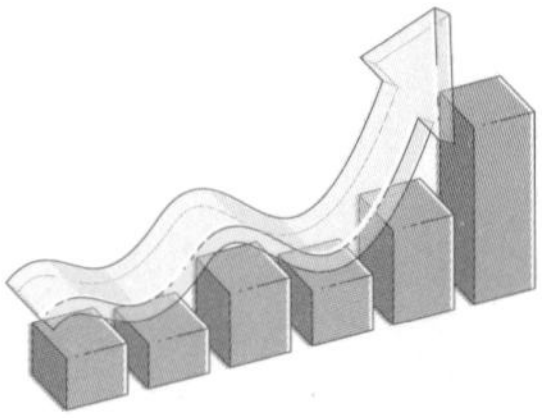

키엔스가 경영에서 가장 중요하게 생각하는 것은 최소의 자본과 사람으로 최대의 부가가치를 올린다는 사고방식이다. 이 경영이념은 구체적으로 어떤 의미일까?

① 매출 5억 엔 이익 1억 엔

② 매출 3억 엔 이익 1억 엔

둘 다 같은 1억 엔의 이익을 내고 있다. 여기에서는 '이익=부가가치'라고 생각하자. ①, ② 중에서 경영상 어느 쪽이 바람직할까?

매출로 생각하면 ①일 것이다. 그러나 키엔스의 경영이념으로는 ②가 바람직하다. ②는 같은 이익을 창출하기 위해 들어간 자본과 공정, 노동시간이 적기 때문이다.

매출에서 이익을 빼면 비용, 즉 자본과 사람의 시간(수명)이 산출된다. ①에서 1억 엔의 이익을 내기 위해 든 비용은 5억 엔-1억 엔=4억 엔이다. 그러나 ②에서는 3억 엔-1억 엔=2억 엔으로 ①의 절반밖에 되지 않는다.

만약 들어간 자본이 매출의 50%였다고 해보자. 그러면 ①에는 5억 엔÷2=2.5억 엔의 자본이 들고, ②에는 3억 엔÷2=1.5억 엔의 자본이 든다.

다음으로 노동시간을 생각해보자. 시급 2000엔으로 가정하면 다음과 같다.

①의 예시에서는 5억-2.5억 엔(자본)-1억 엔(이익)=1.5억 엔이 인건비다. 인건비를 시급으로 나누면 노동시간은 1.5억 엔÷2000엔=7.5만 시간이다.

②의 예시에서는 3억 엔-1.5억 엔(자본)-1억 엔(이익)=0.5억 엔이 인건비다. 마찬가지로 노동시간을 산출해보면 0.5억 엔÷2000엔=2.5만 시간이다.

①과 ②를 비교하면 노동시간이 세 배 차이가 난다. 결국 같은 이익을 내는 데 들어가는 비용이 적은 ②가 효율적이다. 이것이 키엔스 경영의 원점인 '최소의 자본과 사람으로 최대의 부

표8 이익이 같을 때 자본, 공정, 노동시간은 적은 편이 바람직하다

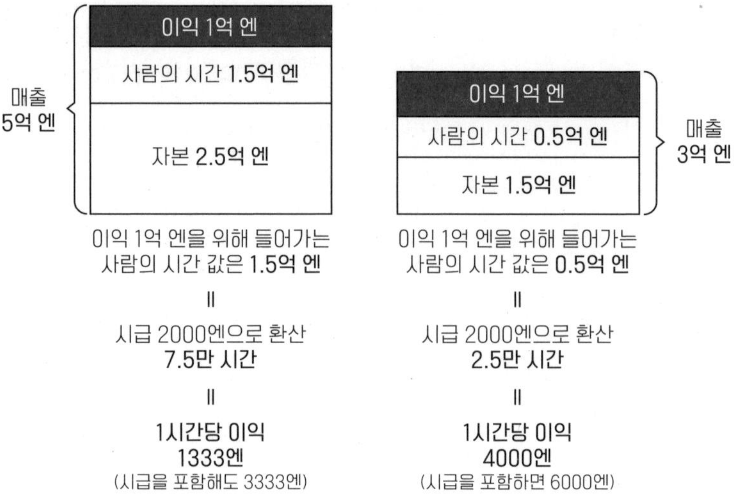

가가치를 올린다'는 이념이다. 이 이념을 철저히 추구해서 키엔스는 평균 연봉 2000만 엔 이상이라는, 다른 회사보다 압도적으로 높은 급여를 사원들에게 지급할 수 있었다.

시가총액 상위 기업과 키엔스를 비교해보자. 이 책을 집필하는 시점에 키엔스의 시가총액은 약 12.5조 엔, 소니의 시가총액은 약 13.5조 엔, NTT의 시가총액은 약 14.3조 엔이다(2023년 5월 29일 니케이 시가총액 상위 200종목 명단 기준으로는 키엔스 16.8조 엔, 소니 16.9조 엔, NTT 14.7조 엔).

소니의 직원 수는 약 11만 명, NTT의 직원 수는 약 30만 명

이다. 반면에 키엔스의 직원 수는 약 9000명이다. 직원 1인당 시가총액 면에서도 키엔스의 실적은 타의 추종을 불허한다. 시가총액은 시시각각 변동하므로 책을 읽는 시점에 비교해보는 것도 좋다.

고용을 대량으로 창출하는 것을 기업 활동의 중요한 부분으로 여기던 기존의 사고방식과 반대라고 할 수 있는 키엔스의 이념은 앞으로 노동 인구가 줄어들면서 고도의 효율성이 요구되는 미래 사회에서 더욱 주목받을 것이다.

☞ 키엔스의 핵심 경영이념은 최소의 자본과 사람으로 최대의 부가가치를 올리는 것이다.

마켓인 방식

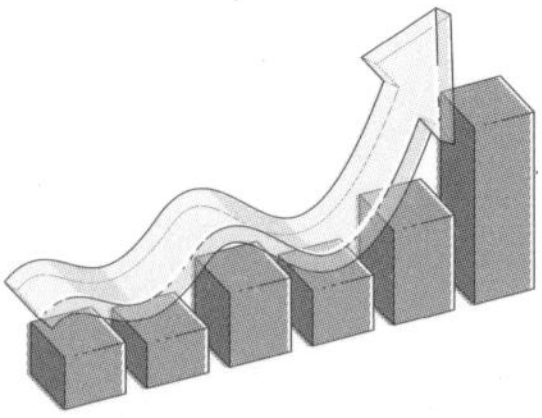

키엔스가 어떻게 압도적인 부가가치를 만들어낼 수 있는지 본격적으로 살펴보자. 키엔스의 성공을 이해하는 데 다음 세 가지 키워드가 유용하다.

① 마켓인 방식

② 고부가가치 상품의 표준화

③ 세계 최초, 업계 최초 상품 개발

① 마켓인 방식

키엔스에서는 마켓인(market in) 방식으로 신상품을 기획한다. '고객은 왜 구매하는가? 정말로 그 상품, 그 기능을 사용하는가? 사용한다면 정말로 도움이 되는가(문제나 과제 해결)? 어떤 도움이 되는가?'에 대해 상품 개발 전에 철저히 따져본다. 그런 회사는 많을 것 같지만, 얼마나 집요하고 철저하게 추구하는가에서 차이가 난다.

② 고부가가치 상품의 표준화

키엔스에서는 주문에 따라 맞춤 제작하지 않고 표준품을 만든다. 그렇지만 만들기 전에 현장을 방문해 직접 고객의 잠재 니즈를 찾아내는 시장 조사를 한다. 이 구조를 통해 최대 공약수의 사양과 기능을 갖춘 고부가가치 표준품을 생산할 수 있다.

③ 세계 최초, 업계 최초 상품 개발

키엔스에서는 고객도 알아차리지 못한 잠재 니즈를 철저한 컨설팅 세일즈로 찾아내서 아직 만들어지지 않은 부가가치(신창조가치)를 갖춘 상품=세계 최초, 업계 최초 상품을 만들어낸다.

여기서 흥미로운 것은 키엔스가 그 과정에서 세계 최고의 기술에 집착하지 않는다는 점이다. 고객이 상품을 실제로 어떻게 사용하는지, 그 사용법까지 철저하게 분석하는 것이 특징이다.

먼저 ① 마켓인 방식에 대해 살펴보자. 마켓인이란 시장과 고객의 니즈를 기반으로 기획·개발·생산하는 것이라고 말했는데, 그 반대는 프로덕트 아웃(Product out)이다. 프로덕트 아웃이란 기업이 '우리는 무엇을 만들고 싶은가?' '자사의 특성을 살려 어떤 것을 만들 수 있는가?'에서 출발해 기획·개발·생산하는 것이다.

프로덕트 아웃의 발상으로 만들어진 상품은 앞서 말한 고사양 세탁기처럼 될 가능성이 있다. 소비자의 니즈보다 제조사 관점에서 '우리 회사의 기술력을 최대한 발휘한 세탁기를 만든다면 반드시 잘 팔릴 거야'라는 생각을 앞세워 만든 상품이다.

프로덕트 아웃에는 기업의 강점을 살려 지금까지 없었던 획기적인 상품이 탄생할 가능성이 있다는 이점이 있다. 또 프로덕트 아웃의 발상으로 상품을 만들 때도 당연히 기업은 다양한 시장 조사를 한다.

그러나 고객에게 높은 부가가치를 제공한다는 측면에서는 프로덕트 아웃보다 마켓인이 유리하다. 마켓인 쪽이 부가가치의 원천인 고객의 니즈를 포착하기 쉽기 때문이다.

키엔스에서는 철저하게 고객의 니즈에 초점을 맞춘 마켓인 방식으로 신상품을 기획하고 개발한다. 자사의 강점, 상품의 강점이 아닌 '니즈=고객이 곤란해하는 일'을 중심에 두고 상품을 만든다.

또한 개발 전에 고객의 니즈를 어떻게 충족시킬지 철저하게 파고들기 위해 고객의 니즈에 대해 고객보다 더 자세하게 파악한다. 어떻게 고객보다 고객의 니즈를 더 잘 알 수 있을까? 고객의 공장(해외도 포함)에서 일하는 현장 직원이 실제로 어떤 어려움을 겪고 있는지 집요하게 찾으러 다니기 때문이다. 다만 그것만으로 지금처럼 큰 성공을 거둔 것은 아니다.

키엔스는 고객의 니즈를 파악한 후 상품을 기획하기 전에 사회 전체의 흐름이나 업계 전체의 트렌드에 맞춰 현재 자사가 지닌 기술적인 강점으로 어떤 상품을 만들 수 있는지 분석하고, 나아가 같은 종류의 상품을 만들고 있는 경쟁사를 상세히 조사한다.

현장 방문으로 파악한 고객의 니즈를 바탕으로 면밀한 시장 조사, 자사 강점 분석, 경쟁사 분석을 결합해서 상품을 기획한다.

하지만 이 시점에서는 아직 프로덕트 아웃의 영역을 벗어나지 못한다. 키엔스가 최고의 마켓인 방식 기업이라고 불리는 이유는 가설을 세운 뒤 상품을 개발하기 전에 그 가설이 정말 맞는지 한 차원 더 깊이 검증한다는 점에 있다.

"이런 상품을 만든다면 구매하실 의향이 있나요?" "귀사의 이 문제를 해결하는 데 도움이 될 것 같은데 어떻습니까?"라고

표9 키엔스의 상품화 결정 과정

	조사 내용	조사 범위	
아이디어 (깨달음)	• 아는 범위 내에서 시장 조사 • 아는 범위 내에서 트렌드, 시즈(기업의 독자적인 기술력, 기획력, 노하우, 재료 등) 조사	지인, 거래처, 인터넷 수준	깨달음으로 상품화
가설 수립	• 철저한 시장 조사 • 철저한 메가 트렌드와 마이크로 트렌드 조사 • 철저한 시즈 조사	규모에 맞는 전개를 확인하는 시장 조사	
주제 설정 (더 정밀한 가설)	자료 중에서 지금 시장에 내놓아야 한다고 판단한 제품을 주제로 설정		프로덕트 아웃형 기업에서 상품화 (희망적 관측에서 상품화)
마켓인 방식 시장 조사	• 정말 구매하는가? • 정말 사용하는가? • 사용하면 정말 도움이 되는가? 여기에 대해 가설이 맞는지 직접 클라이언트의 의견을 듣고 철저하게 조사한다.		
마켓인 방식 신상품의 상품화 결정	상품화를 검토하며 예상 투자 회수 기간 및 기여 이익 등도 정밀하게 계획		신상품 기획 단계에서 PMF(제품 시장 적합성)를 완료하는 마켓인 방식 상품 기획

개발하려는 제품이 정말 고객에게 도움이 되는지, 고객의 어려움을 해결할 수 있는지 다시금 고객에게 직접 확인하러 간다.

키엔스에서는 이렇게 가설이 틀리지 않았음을 확인한 뒤에야 본격적으로 상품 개발에 들어간다. 이것이 '마켓인 사고'에 집중하는 키엔스의 경영방식이자 이념이며 다른 기업들이 쉽게 흉내 낼 수 없는 경쟁력이다.

☞ 키엔스의 세 가지 키워드 ① 마켓인 방식 ② 고부가가치 상품의 표준화 ③ 세계 최초, 업계 최초 상품

시장 원리, 경제 원칙에 따른 사고와 표준화

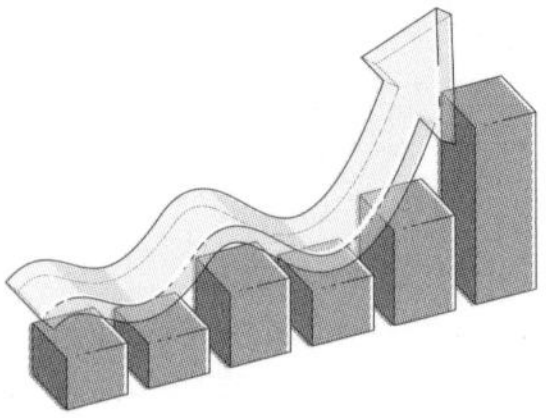

다음은 '② 고부가가치 상품의 표준화'에 대해 살펴보자.

이 부분을 언급하기 전에 강조하고 싶은 중요한 사고방식이 있다. 바로 시장 원리, 경제 원칙에 따른 사고가 중요하다는 것이다. 이것 역시 키엔스의 경영이념 중 주축으로 자리 잡은 사고방식 중 하나다.

시장 원리로 생각한다는 것은 '시장(고객)이 무엇을 구매하고, 어떻게 사용하고, 언제 가치를 느끼는지, 그 원리는 어떤 것인지 제대로 생각하자'라는 의미다. 그리고 경제 원칙으로 생각한다는 것은 '어떻게 하면 가장 이익이 날까?'를 기준으로 의사결정을 하라는 의미다.

개인의 판단이나 해석이 아니라 시장 원리와 경제 원칙에 따라 생각하자는 것은 간단한 얘기지만, 의외로 쉽지 않은 일이다. 일부러 의식하지 않으면 늘 기업(판매자) 중심으로 사고하게 되어 항상 시장과 어긋난다. 그러므로 시장 원리는 고객에게 맞추는 것이라는 사고에서 벗어나지 않도록 노력해야 한다. 경제 원칙에 따른 판단에만 치중하고, 단지 이익을 내고 싶다는 생각만으로 비즈니스를 하다 보면 시장과 반대 방향으로 갈 수도 있다.

반대로 시장 원리만을 따라 고객이 원하는 사양을 최대한 반영해서 맞춤 제작품을 만들었다고 하자. 맞춤 제작품은 마켓인 방식의 상품에 가깝다고 할 수 있다. 하지만 막대한 시간과 돈을 들여 그 회사에서만 사용할 수 있는 맞춤 상품을 만들면 다른 곳에는 팔 수 없어 이익이 나지 않기 때문에 경제 원칙에는 맞지 않는다. 주문 제작만 전문으로 하면 일정 수준 이익이 나고 조금씩 회사 규모를 키울 수 있다 해도 한계가 있다.

시장 원리와 경제 원칙을 사업을 굴리는 양쪽 바퀴로 생각하고, 고객을 내 편으로 만들면서 이익을 내는 것이 바람직하다.

키엔스에서는 시장 원리와 경제 원칙이 제대로 부합하는 방식으로 상품을 만든다. 특정 기업의 니즈에 부응하는 상품을 만들지만, 그 기업에서만 사용할 수 있는 맞춤 제작품을 만드는 것은 아니다. 그 기업이 겪고 있는 어려움을 해결하면서 다른 기업에서도 사용할 수 있는 표준품을 만든다.

다른 제조사라면 맞춤 제작품에서 그치는 상품을 키엔스는 표준품으로 만들어낸다. 어떻게 그런 일이 가능할까? 키엔스의 임직원은 어떤 경쟁사보다 많은 사례를 알고 있고, 많은 기업이 당면한 어려움을 숙지하고 있기 때문이다.

그러므로 '이 고객이 어려움을 겪고 있는 일은 다른 회사에서도 곤란한 일일 것이다'라는 깨달음에서 출발해 고객의 니즈에 부응하면서 표준화할 수 있는 상품을 기획하고 개발할 수 있다.

현장의 필요에서 나온 사양과 기능을 정리해서 표준형 상품으로 만드는 것이 키엔스가 잠재 니즈를 실현하는 방식이다. 그 결과 고객이 곤란을 겪는 일을 해결할 수 있고, 맞춤 제작품을 만드는 것보다 비용을 크게 낮춰서 많이 팔아 이익을 낸다는, 시장 원리와 경제 원칙 양쪽에 부합한 사업이 가능한 것이다.

맞춤 제작품만 만드는 기업은 고객이 "우리 업계(회사)는 특수해요. 그래서 맞춤 제작이 필요해요"라고 했을 때 그 말을 곧이곧대로 받아들여 정말 특수한 상품만 만드는 데 집중하게 될 수도 있다.

'맞춤 제작품=고객의 가려운 곳을 긁어주는 상품=고객 니즈 실현'이라는 것은 얼핏 고객 만족도를 높이는 것처럼 보이지만, 다른 회사에 판매하기 어렵고 생산 수량도 적어서 제조비나 관리비가 불어나 가격이 비싸진다. 그래서 기능이 훌륭하다 해도 비싼 가격 때문에 고객 만족도는 그만큼 낮아진다.

키엔스에서는 범용성이 있는 기능인지, 다른 기능으로 대신할 수 있는지 고려하고, 근간이 되는 니즈를 중시해 가능한 한 표준화를 추구해서 비용을 절감한다. 그 결과 고객은 가격, 납기, 수리, 부품 조달 등에서 이점을 누릴 수 있다.

키엔스는 고객의 니즈에서 출발해 상품을 기획·개발함으로써 고객에게 부가가치를 제공함과 동시에 생산성과 이익을 높이는 데 성공했다. 그것이 키엔스의 부가가치 창조 전략의 핵심이다.

☞ 키엔스는 시장 원리와 경제 원칙을 모두 충족하는 표준품을 만든다.

세계 최초, 업계 최초 상품으로 부가가치 전략과 차별화 전략 양립

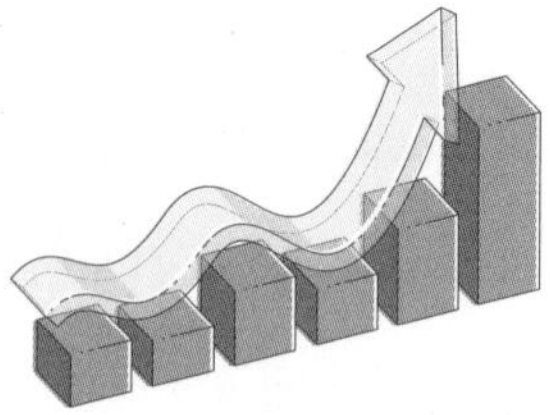

마지막 키워드는 '③ 세계 최초, 업계 최초의 상품'이다.

키엔스에서는 고객의 잠재 니즈를 찾아서 '아직 만들어지지 않은 부가가치(신창조가치)를 갖춘 상품=세계 최초, 업계 최초의 상품'을 만들어내고 있다. 놀랍게도 키엔스가 내놓는 신상품의 70%가 세계 최초 또는 업계 최초의 상품이다.

키엔스에서 세계 최초, 업계 최초는 일상적인 일이다. 업력이 쌓이고 규모가 커진 지금도 여전히 매년 세계 최초, 업계 최초의 신상품을 계속 세상에 내놓고 있다는 것이 무서울 정도다.

세계 최초, 업계 최초라고 하면 지금까지 없었던 특허 기술을 적용한 최첨단 제품이라고 생각하기 쉽지만, 성능이나 기술면에서 세계 최고, 업계 최고의 고성능을 갖춘 제품들이 아니다. 고객의 사용 방식을 알아내고 당면 과제나 문제점을 깊이 파고들어 지금까지 없었던 기능이나 사양을 실현해 미해결 과제를 해결한다. 최고의 기술을 적용하기보다 아이디어와 기능을 최적으로 조합해 고객에게 솔루션을 제공한다.

고객의 잠재 니즈 속에 있는, 아직 누구도 이루지 못한 니즈를 실현하는 것이 '세계 최초, 업계 최초의 상품'이다. 아직 아무도 이루지 못한 미지의 고객 니즈를 충족하는, 타사에서도 자사에서도 실현한 적이 없는 상품이다. 키엔스는 고객의 잠재 니즈를 알기 위해 이런 미지의 영역까지 들어가 철저하게 탐색한다. 이렇게 계속 노력에 노력을 거듭하므로 키엔스는 항상 고부가가치 상품을 만들어낼 수 있다.

세계 최초, 업계 최초의 상품을 개발하는 의의는 고객에게 고부가가치를 제공하는 것만이 아니다. 동시에 타사의 상품과 차별화해 경쟁에서 벗어난다. 세계 최초, 업계 최초의 상품이라면 비교할 대상이 없으므로 기본적으로 견적 비교가 불가능하다.

이렇게 키엔스는 세계 최초, 업계 최초의 상품을 만들어 부가가치 전략과 차별화 전략을 동시에 실현한다. 알기 쉽게 표현하면 '부가가치 전략=고객에게 도움이 되는 전략'이며 '차별화 전략=경쟁사와 다른 전략'이다.

이 두 가지를 양립하는 것을 목표로 하자.

비즈니스가 잘되지 않는 사람이나 회사는 대부분 둘 중에서 어느 하나만 생각한다. 부가가치 전략만 생각해서 고객에게 "이 상품은 고객님께 도움이 될 것입니다"라고 전달하는 것이다. 그러면 고객은 "고맙습니다. 도움이 되겠네요. 하지만 다른 회사들도 자사의 상품이 도움이 될 거라고 하는데요. 그러니까 가격을 좀 깎아주시면 안 될까요?"라고 반응할 것이다.

반대로 차별화 전략만 생각해서 "이 상품은 타사 상품과 다릅니다"라고만 고객에게 전달하면 어떻게 될까? 고객은 "고맙습니다. 타사 제품과 다르네요. 하지만 그 차이가 우리에게 얼마나 도움이 되는지, 다른 상품보다 더 나은지 알 수 없네요"라고 반응할 수도 있다.

부가가치 전략과 차별화 전략을 양립한다는 것은 "이 상품은 고객님께 도움이 됩니다. 그리고 그것은 이 상품만 할 수 있습니다"라고 전달하는 일이다.

키엔스뿐만 아니라 최고의 세일즈맨, 최고의 마케터들은 이 부가가치 전략과 차별화 전략의 양립이 중요하다는 것을 인식하고, 고객에게 제안할 때 이 점을 반드시 전달한다. 그렇게 견적 비교를 어렵게 해서 가격 경쟁에 휘말리는 것을 피한다.

세계 최초, 업계 최초의 상품을 만들어 부가가치 전략과 차별화 전략을 병행한다. 키엔스는 이것을 구조로 확립해 변함없이 지속하고 있다.

☞ 키엔스는 세계 최초, 업계 최초의 상품으로 부가가치 전략과 차별화 전략을 양립해서 전개하는 구조를 확립했다.

키엔스 같은 기업이 되기 어려운 이유

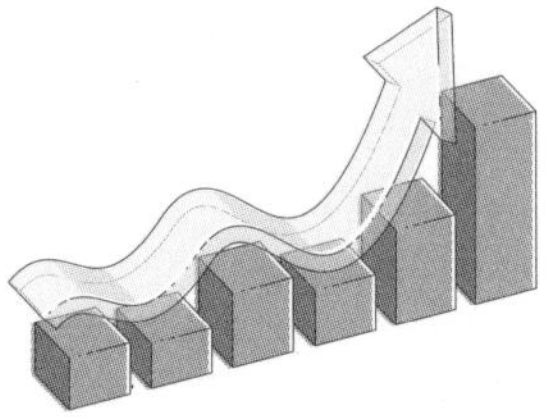

우리 회사도 마켓인 방식으로 고객의 니즈를 탐색하고 그에 맞춰 상품을 개발하고 있다, 표준화를 하고 있다, 시장 원리와 경제 원칙의 양립을 추구한다고 생각하는 사람들이 많을 것이다. 그렇다면 '우리도 똑같은 일을 하고 있는데 왜 키엔스 같은 기업이 되지 못할까?'라는 의문이 생길 것이다.

많은 기업에서 키엔스와 '똑같은 일'을 하고 있을지도 모른다. 그러나 키엔스와 일반 기업 사이에는 결정적인 차이가 있다. 바로 철저하게 구조화하고 반복해서 재현하면서 동시에 그 모든 일을 모든 사람이 한다는 점이다.

많은 기업에서 여러 일을 하지만, '동시에 모든 일을' 하지는 않는다. 또 사내의 누군가는 하고 있어도 '모든 사람이' 하지는 않는다.

예를 들어 표준화는 했지만 차별화 전략이 약하거나 차별화는 실현했지만 경제 원칙에 따르지 않는다. 생산 부문과 영업 부문은 실행하고 있지만, 비생산 부문은 하지 않는다. 이런 식으로 부족한 부분이 있다.

그리고 "고객이 곤란을 겪는 부분, 니즈를 계속 듣고 있습니다"라고 해도 현재 니즈만 듣고 잠재 니즈를 파악하지 못하기도 한다. 확실히 잠재 니즈를 발견해도 일부 사람에 그치는 경우가 많다. 조직 전체적으로 잠재 니즈를 찾지 않는 것이다.

이렇게 '동시에 모든 중요한 일을, 모든 사람이 하고 있다'는 것이 부가가치를 만드는 키엔스 구조의 경쟁력이다. 다른 회사들은 '동시에 모든 중요한 일을 하지는 않고, 모든 사람이 하지도 않는다.' 조직이 하나가 되어 부가가치를 만들지 못하므로 구조가 완벽하지 않은 것이다.

특히 영업에서 큰 차이를 보인다. 영업사원은 고객에게 "우리 상품을 어디에 사용할 건가요?"라고 물어보기 쉽다. 그 상품을 구매할 정도의 정보나 확신이 아직 없는 고객이라면 '나도 몰라요. 당신이 팔러 왔으니 당신이 알려줘요'라고 생각할 수도 있다.

그러나 키엔스 영업사원은 "귀사의 공장에는 이런 장치가 있을 겁니다. 그것은 현재 상태로는 성능이 이러이러하고 이러이러한 문제가 있을 것입니다. 이번에 세계 최초, 업계 최초 기능을 가진 센서가 나왔는데, 이 센서를 이 장치에 도입하면 현재의 문제점을 개선해서 생산성이 확 올라갑니다"라고 제안한다. 그러면 고객은 "아, 확실히 그렇겠네요. 그 문제를 해결할 수 있다고 생각 못 했는데, 역시 키엔스에서 잘 파악하셨군요!"라고 말할 것이다.

개인적으로 우수한 영업사원은 어느 회사 소속이든 고객에게 이런 방식의 해결책을 제시할 수 있을 것이다. 그러나 키엔스처럼 모든 영업사원이 이렇게 할 수 있는 회사는 거의 없을 것이다.

☞ 키엔스가 다른 기업과 결정적으로 다른 점은 철저하게 구조화하고 반복해서 재현하면서 동시에 모든 중요한 일을 모든 사람이 하고 있다는 데에 있다.

키엔스의 차별화된 영업 구조

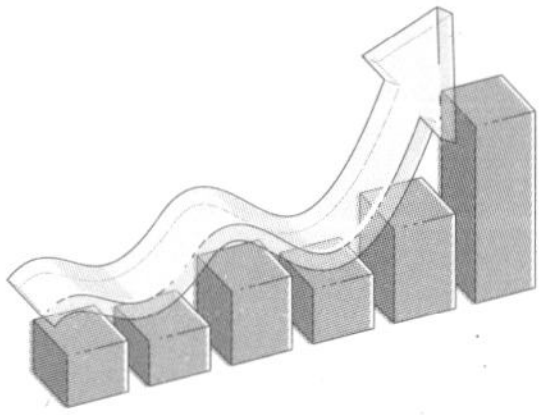

키엔스의 영업 구조를 좀 더 자세히 살펴보자.

키엔스의 기술 영업 부서에 입사 후 나는 '핸디 터미널'이라는 바코드 리더기를 판매하는 사업부에 배치되었다. 핸디 터미널은 리더기가 인식한 데이터의 활용법이나 프로그램 구성 등을 친절하게 전달하지 않으면 고객이 선뜻 구매하기 어려운 상품이었다.

그렇다고 고객에게 설명할 수 있도록 프로그래밍이나 네트워크 등의 기술적인 내용을 영업사원 전원에게 일일이 사내 교육을 하는 것은 비효율적인 방식이었다. 그래서 기술에 정통한 사람을 뽑아 상품의 기능과 사용법을 고객에게 자세하게 설명하고 최적의 상품을 제안하는 역할을 맡기는, 기술 영업이라는 직종이 있다.

기술 영업사원은 키엔스에만 있는 것은 아니다. 키엔스가 일반 제조업체와 다른 점은 영업과 기술 영업 모두 다른 회사보다 훨씬 더 넓은 업무 영역을 맡는다는 점이다.

다른 회사의 영업사원은 영업에만 특화되어 기술적인 부분은 잘 모르는 경우도 많다. 반면에 키엔스의 영업사원은 기술면에서 경쟁사들보다 훨씬 더 잘 알고 있다. 키엔스의 기술 영업사원 역시 기술에만 정통한 것이 아니라 프로 영업사원의 자세로 고객을 대한다. 즉 키엔스에서는 일반 영업과 기술 영업의 업무 영역이 상당히 중복된다.

일반 영업사원이 기술을 잘 모르면 거래처에 기술과 관련한 설명을 할 때 기술 영업사원과 동행해야 할 일이 많을 것이다. 그렇게 되면 영업사원은 고객과 기술 영업사원을 연결하는 징검다리 역할에 그칠 수 있다. 키엔스에서는 영업사원도 기술적인 측면을 상당 부분 이해하고 있으므로 정말 모르는 것만 사내에서 기술 영업사원에게 물어보고 단독으로 거래처를 관리할 수 있다.

따라서 키엔스와 다른 업체들은 영업사원과 기술 영업사원의 비율이 크게 차이 난다. 기술 영업사원의 비율이 극단적으로 낮은 편이다. 영업사원이 기술적인 부분도 대부분 처리할 수 있기 때문이다. 컨설턴트로서 수많은 기업을 보아왔는데, 키엔스는 비슷한 업종의 기업들과 비교해 볼 때 기술 영업의 비율이 몇 분의 일 정도로 낮다.

키엔스와 다른 회사들은 영업의 역할과 책임이 다르다. 타사는 영업사원과 기술 영업사원의 역할과 책임이 명확하게 나뉘어 있는 반면에 키엔스에서는 영업과 기술 영업 양쪽 모두 고객의 기술적 문제를 해결함으로써 성과를 올리는 역할과 책임이 이음새 없이 연결되어 있다. 키엔스의 영업 구조가 타사보다 우위에 있다고 단정할 수는 없을 것이다. 그러나 이러한 구조는 고객의 니즈를 발견하고 상품화하는 면에서 큰 이점이 있다.

키엔스의 영업은 고객과 자사의 커뮤니케이션에서 접점이 될 뿐만 아니라 고객의 문제를 해결하는 포인트가 되는 니즈를 확실히 찾아내, 그 니즈를 상품화하면 어떻게 문제가 해결되는지 생각해서 제안할 수 있는 총체적인 기능을 한다.

어느 회사에서나 영업은 고객의 니즈를 탐색하고, 고객에게 부가가치를 제공하는 최전선에서 중요한 역할을 담당한다. 부가가치 창조에서 영업의 중요성과 영업 영역에서 고객의 니즈를 탐색하는 구체적인 방법에 대해서는 5장에서 자세히 설명한다.

☞ 키엔스의 영업 구조는 직종이 달라도 업무 영역이 상당 부분 중복됨으로써 영업사원, 기술 영업사원 각자가 고객과의 소통에서 중심 역할을 한다.

키엔스의 구조에 빈틈이 없는 이유

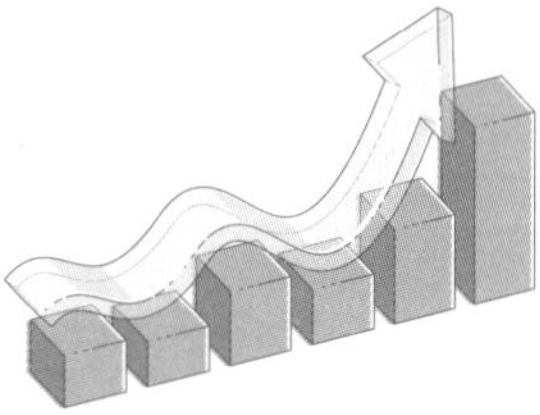

여기까지 키엔스와 다른 회사의 차이를 여러 측면에서 살펴보았다. 결국 근본적인 차이는 조직 전체의 구조에서 비롯된다는 점을 알게 되었을 것이다.

앞서 설명했듯이 키엔스의 구조가 지닌 우위성은 '철저하게 구조화하고 반복해서 재현하면서 동시에 모든 중요한 일을 모든 사람이 하고 있다'는 점인데, 이것은 다시 말해 구조에 빈틈이 없다는 말로 바꿔 말할 수 있다.

아무리 해도 키엔스처럼 되지 않는다고 생각된다면 자기 회사의 구조를 확인해보자. 분명히 어느 부서나 업무, 어느 사람에게 빈틈이 있을 것이다.

키엔스는 부가가치를 만드는 구조에 빈틈이 없었다. 그 철저한 구조화는 경영 컨설턴트가 된 지금 봐도 정말 뛰어나서 경외감이 들 정도다.

어째서 키엔스에는 빈틈이 없을까? 그 이유는 복합적이지만, 가장 큰 요인 중 하나로 기업문화를 꼽을 수 있다.

키엔스에는 '모든 것을 수치로 판단'하는 기업문화가 뿌리내려 있다. 감정적이거나 주관적인 판단을 지양하고 객관적인 수치로 상황을 판단한다. 그래서 의사결정의 근거가 투명하고 판단과 결정이 쉽게 흔들리지 않는다.

예를 들어 키엔스에는 영업이익의 일정 비율을 전 사원에게 분배하는 제도가 있다. 회사 전체의 이익이 개개인에게 직접적이고 즉각적인 보상으로 환원되는 구조로 되어 있다. 이 제도를 통해 평소의 업무 성과가 개개인의 보수에 명확하게 반영된다.

인사평가 제도도 철저하게 수치화되어 있다. 성과만이 아니라 구체적인 행동과 업무 처리 과정도 수치화해서 투명성과 객관성을 높였다. 개인적인 노력보다 잘 짜인 구조의 가치를 훨씬 더 중시하는 회사다.

모든 것을 수치로 가시화하는 기업문화가 근간에 있고, 오랜 세월에 걸쳐 형성된 문화와 조직 풍토가 키엔스의 견고한 조직 구조를 만들었음이 분명하다. 따라서 다른 기업들이 키엔스처럼 되려고 해도 쉬운 일이 아니다.

하지만 이 책에서 설명하는 부가가치 창조 원리를 잘 이해하고 끈기 있게 실천한다면, 어느 순간 회사의 경쟁력이 몰라보게 강화되었음을 깨닫는 날이 올 것이다.

☞ 모든 것을 수치로 판단하는 등 오랜 세월 동안 형성된 조직 문화가 키엔스의 견고한 구조를 이룬다.

제4장

법인고객을 끌어들이는 여섯 가지 가치

B2B 비즈니스에서는 판매하는 상품과 서비스를 실제로 사용하는, 고객 너머 고객의 부가가치에도 주목해야 한다. 법인 고객과 중간 사용자, 최종 사용자의 니즈를 동시에 발견하고 모두 충족할 해법을 모색해야 경쟁에서 우위에 설 수 있다.

고객 너머 고객의 부가가치

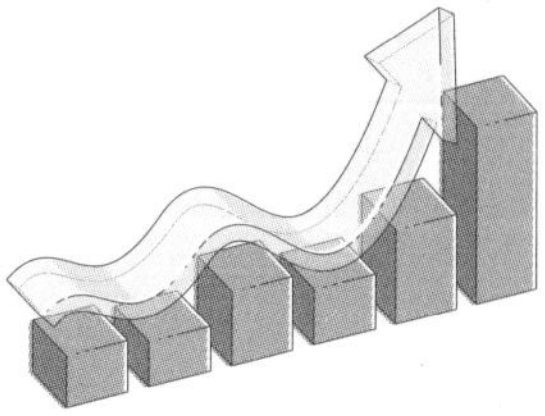

4장에서는 법인 고객을 대상으로 부가가치를 만드는 법에 대해 구체적으로 설명한다. 개인 고객이 느끼는 가치와 B2B 비즈니스에서 법인 고객이 느끼는 가치는 구분해서 생각할 필요가 있다.

개인이 구매 의사결정을 할 때는 '이건 쉽게 사용할 수 있겠네' '이런 걸 갖고 싶었어' '쓸모가 많아 보여'라는 동기로 물건이나 서비스를 구매한다. 그러나 법인 고객은 그 정도로는 상품이나 서비스를 구매하지 않는다.

법인 고객에게 접근할 때는 먼저 그들의 이해관계를 파악해 보자.

내가 컨설팅하는 클라이언트 중에 고속 인터넷 회선을 판매

표10 인터넷 회선 판매 회사와 고객의 이해 관계

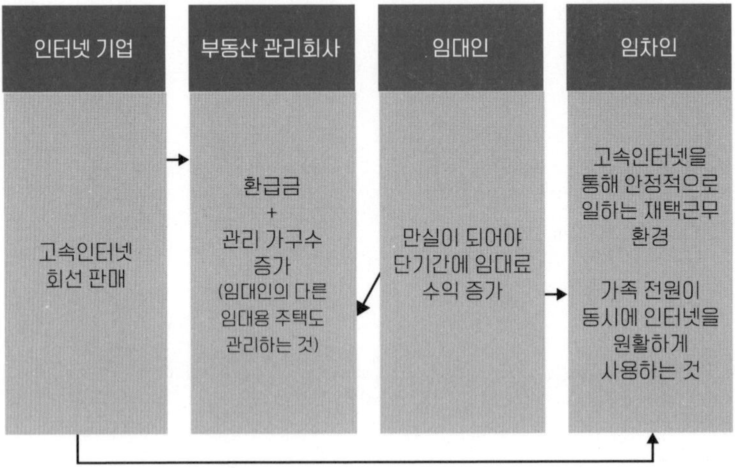

하는 회사가 있다. 그 회사를 A사라고 해보자. A사의 주요 고객으로 부동산 관리회사인 B사가 있다. B사의 고객은 여러 주택을 소유한 임대인들이고, 임대인의 고객은 그들이 소유한 주택에 사는 임차인이다.

여기서 주목해야 할 것은 A사의 인터넷 회선을 구매해 사용할 때 B사, 임대인, 임차인이 각기 다른 이점을 누린다는 것이다.

- B사 : 인터넷 회선을 임대인에게 판매하면 계약 1건마다 A사의 환급금을 받을 수 있다.

- 임대인 : 고속인터넷 회선을 도입하면 임차인이 늘어나고, 공실이 줄어든다. 또는 임대료나 관리비를 올릴 수 있다.
- 임차인 : 쾌적한 인터넷 환경에서 재택근무, 온라인 수업, 동영상 시청 등을 스트레스 없이 할 수 있다.

이처럼 같은 상품·서비스라도 이해관계자 각자의 이점(부가가치)은 다르다. A사의 영업사원은 우선 이 점을 생각해야 한다. 그리고 1차 고객인 B사만이 아니라 그 너머에 있는 사용자, 즉 '고객 너머 고객'에게 이점이 되는 부분까지 보면서 자신이 판매하는 인터넷 회선의 진정한 부가가치를 제대로 파악하는 것이 중요하다.

☞ 법인 고객이 얻는 가치와 개인이 느끼는 부가가치를 구분해서 생각한다.

법인 고객의 부가가치는 최종 사용자의 만족에서 나온다

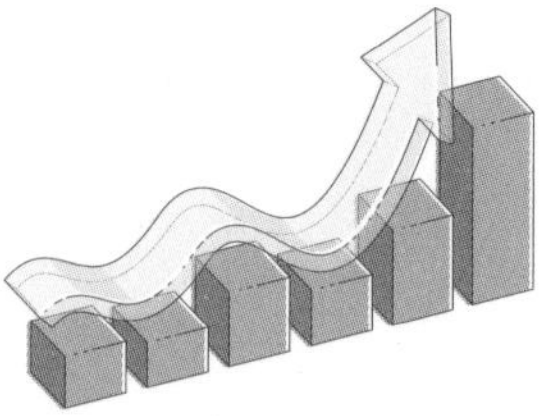

앞의 사례에서 전체 흐름을 살펴보면 다음과 같은 사실이 보인다. 임차인의 니즈를 충족하면 임차인이 만족하고, 임차인이 만족하면 임대 건물에 공실이 줄어들어 임대인이 만족한다. 그 결과 임대인이 자신이 소유한 다른 건물의 관리도 B사에 맡기면 B사는 위탁 관리 수수료가 증가해서 만족한다.

이처럼 최종 사용자의 만족감이 선순환하면서 최종적으로 눈앞의 법인 고객의 부가가치가 극대화된다. 법인 고객의 부가가치는 개인(최종 사용자)의 만족에서 나오는 것이다. 그러므로 법인 고객을 상대할 때는 1차 고객인 법인 고객과 최종 사용자, 양쪽의 부가가치를 구분해서 생각해야 한다.

B2B 비즈니스에 종사하는 많은 사람이 눈앞의 법인 고객의

니즈에 부가가치가 존재한다고 생각한다. 진정한 부가가치는 사실 그곳에 없다. 눈앞의 법인 고객 너머에, 또는 그 너머의 너머에 존재하는 최종 사용자, 소비자의 개인적인 니즈에 존재한다.

내 클라이언트인 A사는 그 점을 확실히 이해하고 B사에 접근해서 자사의 인터넷 회선을 한 임대용 건물에 도입하는 데 성공했다. 그 결과 임대인은 가구당 월 임대료를 5000엔 올릴 수 있었다.

임대료를 5000엔 인상하면 한 가구당 연간 6만 엔, 10가구라면 연간 60만 엔이 되어 5년간 300만 엔의 수입이 증가한다. 이것은 임대인에게 큰 부가가치다. 임대인은 B사의 서비스에 만족해서 다른 건물의 관리도 맡겼다.

법인 고객에게는 "이 상품을 도입하면 저희가 환급금을 드린다는 점도 이점이지만, 귀사의 고객이 더 많은 임대료 수익을 올리면 귀사에 더 많은 건물을 맡길 수도 있습니다. 실제로 다른 회사의 사례가 있습니다. 귀사에서도 그런 추가적인 부가가치 상승을 기대해볼 수 있지 않을까요?"라며 마음을 움직여야 한다. 이렇게 제안한다면 훨씬 더 긍정적으로 제안을 검토하게 될 것이다.

음식점 경영 같은 B2C 비즈니스라면 바로 눈앞에 있는 고객의 부가가치를 생각해야 한다. 하지만 B2B 비즈니스는 판매하는 상품·서비스를 실제로 사용하는 개인(최종 사용자)의 부가가치가 보이지 않으면 자신이 만들어 내야 할 부가가치가 보이지 않는다.

법인 고객과 중간 사용자, 최종 사용자의 니즈를 동시에 발견하고 모두 충족할 해법을 모색한다면, 자사의 상품·서비스를 시장에서 차별화하고 우위에 서는 길을 찾을 수 있을 것이다.

☞ 개인이 느끼는 만족이 출발점이 되어 법인 고객의 부가가치가 극대화된다.

가치 제안의 왕도는 생산성 향상

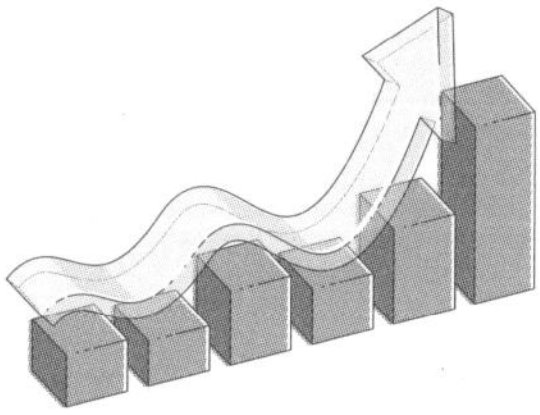

법인 고객이 추구하는 가치는 크게 다음 여섯 가지로 나눌 수 있다.

① 생산성 향상
② 재무 개선
③ 비용 절감
④ 리스크의 회피·경감
⑤ CSR(Corporate Social Responsibility, 기업의 사회적 책임) 향상
⑥ 부가가치 상승

이 여섯 가지 요소는 각각 독립된 것이 아니라 서로 연동하

고 어느 정도 중복된다.

먼저 ① 생산성 향상을 살펴보자. 이것은 모든 업태의 회사가 가치를 느끼는 '가치 제안의 왕도'라고 할 수 있다. 중소기업이든, 대기업이든, 제조업이든, 서비스업이든 지금보다 생산성을 높이고 싶어 한다.

생산성이야말로 수치로 나타내는 것이 중요하다. 생산성을 수치화할 때 다음과 같은 계산식을 쓴다.

생산성=부가가치 금액÷총 노동시간

부가가치 금액은 1장에서 설명했듯이 일반적으로 다음과 같은 계산식으로 산출한다.

- 공제법 : 부가가치=매출액-외부 구매 가치(원재료비, 운송비, 외주 가공비 등)
- 가산법 : 부가가치=경상이익+인건비+임차료+감가상각비+금융비용+조세 공과금

'생산성=부가가치 금액÷총 노동시간'이라는 계산식에 따라 생산성을 높이려면 다음 방법을 생각할 수 있다.

① 총 노동시간을 그대로 유지하고 부가가치 금액을 올릴 것인가?

② 부가가치 금액을 그대로 두고 총 노동시간을 줄일 것인가?

③ ①과 ②를 동시에 추진할 것인가?

④ 노동시간 대비 부가가치가 높은 업무를 늘릴 것인가? (생산성이 높은 업무의 비율을 늘릴 것인가?)

부가가치 금액을 올리려면 공제법으로 생각해서 매출을 늘리거나 외부 구매 가치(원재료비, 운송비, 외주 가공비 등)를 줄이는 것을 고려할 수 있다.

예를 들어 자사의 상품·서비스를 판매하기 위해 잠재 고객에게 영업 전화를 거는 콜센터를 생각해보자. 이 경우 영업 전화 한 통당 계약 성공률의 증가, 계약 단가의 증가, 재계약률 상승이 매출 증가로 이어진다. 전화 한 통에 걸리는 시간을 줄이고, 1분이라도 빨리 계약한다면 생산성이 올라간다.

다음으로 제조업 현장으로 눈을 돌려 공장의 라인 작업을 떠올려보자. 사람이 수동으로 처리할 수 있는 개수를 시간당 100개라고 해보자. 이 라인에 자동 처리할 수 있는 센서를 도입하면 시간당 처리 개수가 수동의 10배인 1000개가 된다고 하자.

그러면 노동시간이 대폭 줄어든다. 센서의 종류에 따라서는 사람이 필요 없어서 노동시간이 0이 될 수도 있다. 총 노동시간

$$\text{생산성} = \frac{\text{부가가치 금액 (매출액-외부 구매 가치)}}{\text{총 노동시간}}$$

이 줄어들고 시간당 생산량도 늘어나고 매출액도 상승한다.

이 경우 제품 개당 부가가치 금액 부분은 변동이 없지만, 총 노동시간이 대폭 줄어들어 생산성이 향상된다.

이처럼 생산성을 올리고 싶다면 먼저 총 노동시간을 줄일 방법을 생각해야 한다. 총 노동시간을 줄이기 쉬운 방법으로는 디지털화를 통한 BPR(Business Process Reengineering, 업무 과정 재설계)이나 RPA(Robotic Process Automation, 로보틱 처리 자동화) 등이 있다.

법인 고객은 우선 생산성 향상에 가치를 느낀다. 생산성 향상은 먼저 수치로 파악하는 것이 중요하므로 법인 고객을 상대할 때는 수치를 바탕으로 자사의 상품·서비스를 제안하자.

☞ 생산성 향상은 수치로 계산하고, 총 노동시간을 줄이는 방법을 도입한다.

현금흐름 관리를 통한 재무 개선

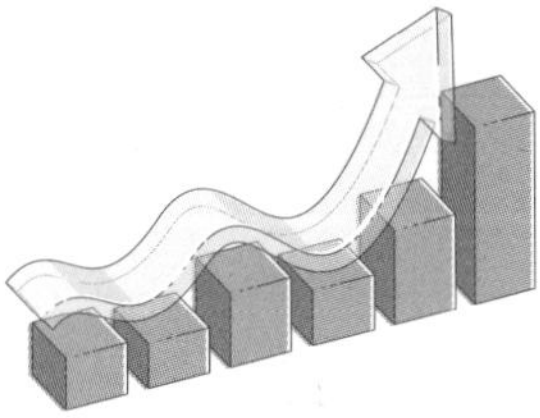

생산성 향상에 이어 '② 재무 개선'도 법인 고객에게 큰 가치가 된다. 재무에는 여러 요소가 있는데, 여기서는 '현금흐름'을 다룬다.

생산성 향상은 수치로 파악하는 것이 중요하다고 했는데, 재무 개선은 시간을 축으로 생각하는 것이 핵심이다. 즉 언제 입금되고 언제 지급하는지, 그 타이밍을 얼마나 제대로 조절하느냐가 재무 개선으로 이어진다.

재무에서 입금과 출금의 타이밍이 얼마나 중요할까? 그것을 이해하기 위한 알기 쉬운 사례로 QR 바코드 결제 서비스 페이페이(PayPay, 현금을 미리 충전해놓고 스마트폰으로 간편하게 결제하는 일본의 결제 서비스 – 옮긴이)를 살펴보자.

표11 페이페이의 비즈니스 모델

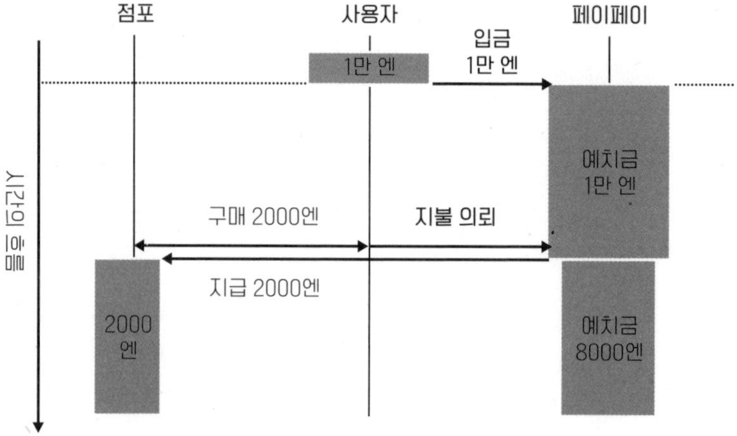

사용자가 지불 의뢰를 할 때까지 예치금 1만 엔을 페이페이 측에서 사용할 수 있으므로 적자라도 재무는 매우 좋아진다.

페이페이는 지금까지 '100억 엔 이벤트'와 같은 전략을 활용해왔다. '매장에서 페이페이를 사용하면 이용금액의 ○%가 환원됩니다!' '○번에 1번은 전액을 돌려드립니다!'라는 페이백 이벤트다.

100억 엔이나 돌려줘도 괜찮은지 궁금할 수도 있지만, 페이페이에서 100억 엔의 지출은 큰 문제가 아니다. 왜냐하면 페이페이에는 이용자의 돈이 먼저 입금되기 때문이다. 입금 후 그 돈을 환원 이벤트 등에 사용하기까지 페이페이는 많은 현금을 보유한다.

사용자 2000만 명이 5000엔씩 입금하면 1000억 엔이라는 금액이 모인다. 이 책을 집필하는 시점에 등록 사용자 수는 5000만 명을 돌파했다. 현금이 먼저 들어오고 환원할 돈은 나중에 나가는 구조이기 때문에 일정 기간 적자(이익이 나는 것은 나중)지만, 예치금이 있어 재무가 아주 좋다고 할 수 있다.

실제로 페이페이의 재무 상태를 살펴보면 2018년 순자산은 607억 엔인데 총자산은 8300억 엔, 예금이 7500억 엔이었다. 최근에는 순자산 589억 엔으로 2018년보다 줄었지만, 총자산은 1조 5871억 엔, 예금은 1조 4617억 엔이 되었다.

재무 개선의 다른 예시로 슈퍼마켓(이하 슈퍼)을 생각해보자. 슈퍼가 식품 공급업자로부터 100엔에 매입한 채소를 200엔에 판매한다고 하자. 슈퍼가 공급업체에 100엔을 지불하는 타이밍은 빠르면 익월 말일이다. 1월 1일에 채소를 매입해서 200엔에 팔았다고 해도 매입액인 100엔을 지급하는 것은 2월 말이므로 약 2개월간 계속 200엔을 수중에 가지고 있을 수 있다.

슈퍼가 지급 기한을 한 달 연장해달라고 해서 3월 말일로 협상한다면 상황은 더 좋아진다. 매월 매출이 약 10억 엔, 평균 구매비용이 60%인 슈퍼라면 10억 엔 중 약 6억 엔을 공급업체에 지급한다. 재무상 6억 엔을 지급하는 날이 2월 28일인지, 3월 31일인지는 매우 큰 차이이다.

표12 지급 기한만 늦춰도 풍부한 현금을 보유할 수 있다

■ 월말 매입 합계액을 익월에 지급하는 경우

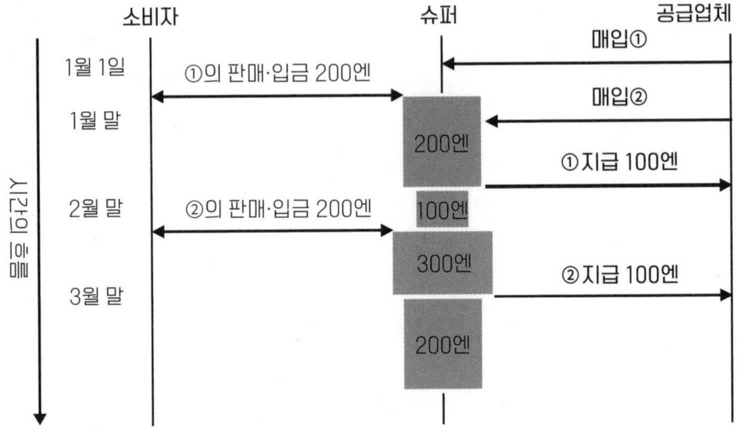

슈퍼는 ①의 판매 후 2월 말까지 200엔, 2월 말 이후에는 ①의 금액을 뺀 100엔, ②의 판매 후 3월 말까지는 300엔, 3월 말 이후에는 200엔의 현금을 보유한다.

■ 월말 매입 합계액을 2개월 후 지급하는 경우

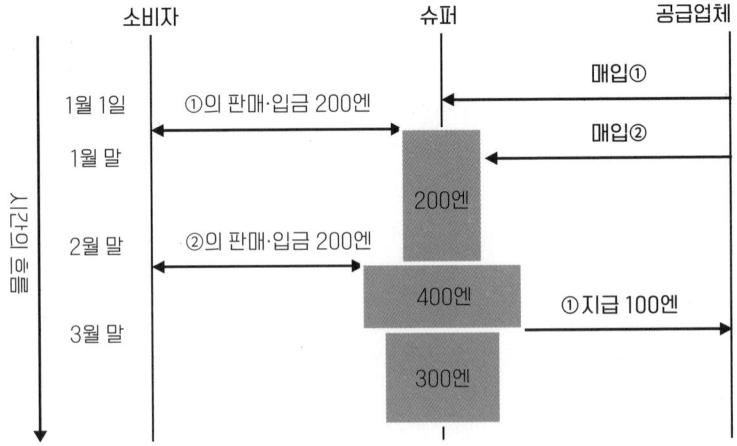

슈퍼는 ①의 판매 후 2월 말까지 200엔, ②의 판매 후 3월 말까지는 400엔, 3월 말 이후에는 300엔의 현금을 보유한다.

만약 모든 지급을 2월 28일에서 3월 31일로 할 수 있다면, 1월 매출 10억 엔에 2월 매출 10억 엔을 더한 합계 20억 엔을 보유한 상태에서 3월 31일을 맞이할 수 있다. 반면에 지급일이 2월 28일이라면 14억 엔이 된다.

이 사례는 지급 기한 조정에 따른 재무 회전율 향상을 보여준다. 입금과 출금 타이밍을 잘 조절하면 금융기관에서 돈을 빌리지 않아도 현금을 풍부하게 보유할 수 있다.

이런 재무 개선 전략을 활용하면 대기업이 아닌 일반적인 중소기업에서도 현금 흐름을 안정적으로 관리할 수 있다. 법인 고객에게 접근할 때는 재무 개선이 큰 가치가 된다는 점도 고려해서 제안하면 좋을 것이다.

☞ 재무 개선은 타이밍이 핵심이다. 입금과 지급 타이밍 조절에 주목하자.

가장 알기 쉬운 가치,
비용 절감

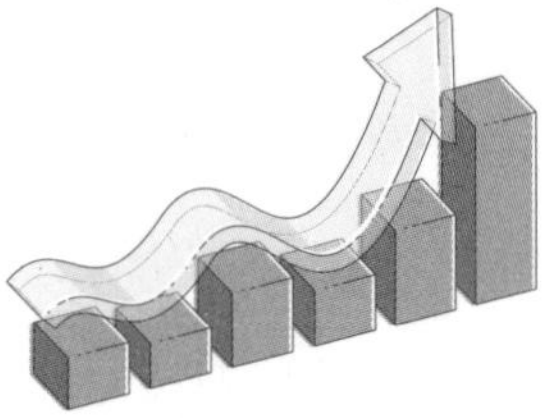

③ 비용 절감은 법인 고객이 추구하는 여섯 가지 가치 중 가장 알기 쉬운 가치다.

우선 비용의 정의를 내려보자.

비용이란 부가가치를 만드는 작업에 드는 시간과 돈이다.

비용 절감이란 부가가치는 그대로 유지한 채, 작업에 드는 시간과 돈을 줄이는 것이다.

예를 들어 '현재 계약한 전력회사는 1kWh당 30엔으로 요금이 비싸다. 좀 더 저렴한 전력회사로 전환하면 1kWh당 20엔으로 떨어진다'는 것은 공급 단가를 인하한 비용 절감이다(일본은 전력이 민영화되어 있어 여러 전력회사가 서로 경쟁한다 – 옮긴이). 물론 비용 절감을 생각한다면 되도록 낮은 단가에 공급받아야 한다. 하지만 단가 인하는 지급할 돈을 약간 줄이는 것에 불과하다.

비용 절감은 작업 자체를 줄이는 것이 가장 효과적이다. '비용=작업에 드는 시간과 돈'이므로 처음부터 작업을 하지 않으면 비용이 아예 발생하지 않는다. 하지만 많은 기업이 단가 인하에만 주목하고 원천적으로 비용을 절감하는 데는 소홀하다.

사내 비용 절감을 목표로 한다면 우선 자사의 업무 중 부가가치를 만드는 작업을 전부 명확히 해야 한다. 그다음 작업 시간이 많은 순서대로 정렬해서 많은 시간이 들어가는 항목부터 차례로 중단할 수 없는지, 좀 더 효율적으로 정리할 수 없는지, 횟수를 줄일 수 없는지, 자동화할 수 없는지 생각해본다. 이 네 가지 중에서 어느 하나라도 실행할 수 있다면 비용을 대폭 절감할 수 있다.

컨설턴트 스승에게서 배운 인쇄회사 X사의 비용 절감 사례를 소개하겠다. 그 인쇄회사의 주된 업무는 영업, 디자인·DTP·제판, 인쇄·제본, 포장·배송 등이 있다. X사는 비용 절감 차원에서 각각의 작업을 조사해보았다. 가장 많은 시간이 걸리는 작업은 인쇄·제본이었다. 그래서 X사는 그 작업을 중단할 수 없는지, 정리할 수 없는지, 횟수를 줄일 수 없는지, 자동화할 수 없는지 분석해보았다.

여기서 핵심은 '자사가 고객에게 제공하는 부가가치가 무엇인가?' 이다. 그 결과 X사는 다음과 같은 사실을 깨달았다. 고객은 어느 회사가 인쇄하든 아무 상관이 없었다. 그들이 바라는 것은 '원하는 품질의 인쇄물이 희망하는 기한에 맞춰 납품되는 것'이었다.

'우리가 부가가치를 창출하는 것은 특별한 인쇄 기술이 아니다. 인쇄 기술에 관해서는 솔직히 대형 인쇄회사와 경쟁이 안 된다. 우리가 고객에게 제공하는 부가가치는 지역과의 연결이며, 고객의 요구를 잘 듣고 집중해서 상대가 원하는 바를 이루어주는 일이다.'

이렇게 인식한 X사는 인쇄·제본을 중단하고 다른 인쇄회사에 외주를 주는 방법을 고려해보았다. X사는 대형 인쇄회사 몇 곳에 견적을 요청하고 비교했다. 그러자 자사에서는 장당 0.8센(엔의 백분의 일 – 옮긴이)이었던 인쇄 단가가 외주업체에서는 장당 0.6센으로 내려간다는 사실을 알게 되었다.

X사는 즉시 대형 인쇄회사 P사와 계약하고 인쇄·제본 작업을 완전 외주화했다. 결과적으로 고객에게 제공하는 부가가치는 오히려 향상되고, 자사의 작업 시간은 0이 되어 비용을 대폭 절감하는 데에 성공해 이익이 크게 올랐다.

여기서 주의할 점은 인쇄 기술이 회사의 핵심 부가가치인 회사가 X사의 방식을 따라 해서는 안 된다는 것이다. X사의 강점은 인쇄 기술이 아니었기 때문에 위와 같은 대처 방식이 성공할 수 있었다.

비용 절감은 모든 법인 고객이 중시하는, 알기 쉬운 가치다. 여러분이 고객 회사에 비용 절감이라는 가치를 제공하고자 한다면 먼저 자사가 제공할 수 있는 고객에 대한 부가가치를 정의해보자. 그리고 고객이 시간과 돈을 많이 들이고 있는 작업을 골라내어 '중단한다, 정리한다, 횟수를 줄인다, 자동화한다'로 연결할 수 있는 자사의 상품이나 서비스를 제안해야 한다.

이 방식으로 비용을 절감했을 때는 작업 시간을 줄이면서 같은 부가가치를 창출하므로 첫 번째 가치인 '① 생산성 향상'도 달성할 수 있다.

☞ 가장 효과적인 비용 절감은 작업 자체를 줄이는 것이다.

이해하기 어려워
더 가치 있는 리스크 회피·경감

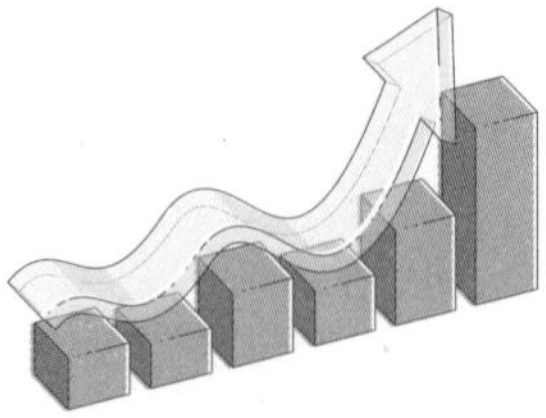

'④ 리스크의 회피·경감'은 아직 일어나지 않았지만, 장래에 일어날지도 모르는 손실을 회피하는 일이다. 2장에서 부가가치의 종류로 리스크 경감 가치(괴로운 감정을 느끼는 리스크를 줄이는 가치)가 있다고 언급했다.

법인 고객에게도 리스크를 줄이거나 피하려는 니즈가 있고, 그 니즈를 충족하는 데서 가치가 생긴다.

그렇다면 법인 고객의 리스크에는 어떤 것들이 있을까?

대표적인 것을 들어 보자면 정보 유출 리스크, 자연재해 리스크, 시스템 장애 리스크, 법적 리스크 등이 있다. 이를 회피하려면 적극적으로 BCP(Business Continuity Planning, 업무 연속성 계획)를 수립하는 것이 좋다.

법인 고객에게 접근할 때는 우선 기업이나 조직에 어떤 리스크가 존재하고, 그 리스크가 실제로 발생했을 때 복구와 회복을 위해 얼마나 많은 시간과 돈이 드는지 알아보자. 그리고 그 리스크의 발생을 막으려면 어떻게 해야 하는지, 불행하게도 리스크가 현실이 되었을 때의 손실을 피하려면 어떻게 해야 하는지에 초점을 맞추어 상품과 서비스를 제안한다.

예를 들어 정보 유출이 발생하면 어떻게 될까?

기업의 신용이 떨어지는 것에 그치지 않고, 배상 문제나 신용 저하로 인한 실적 악화 등으로 금전적인 손실도 커진다. 고객 정보가 유출되었을 때 손해배상액이 수억 엔에 이르는 경우도 있어 기업에서는 꼭 피하고 싶은 리스크다.

보안 시스템 회사의 영업사원이라면 고객에게 정보 유출 리스크가 발생하면 어떻게 되는지, 자사의 상품·서비스를 도입하면 어느 정도의 확률로 막을 수 있는지, 만약 사건이 발생했을 때 손실 규모는 어느 정도가 될지 설명해야 한다.

이때는 구체적인 데이터와 수치를 들어 설명해야 한다. 내 클라이언트 중에 지진이나 태풍 등의 재해로 정전이 되었을 때 사용하는 축전지를 판매하는 회사가 있다. 이 회사는 고객에게 제안할 때 "○년 ○월 태풍 ○호로 이 지역에서 대규모 정전이 발생해서 ○주 이상 전력이 제대로 공급되지 않았는데……."

라고 세세한 데이터를 보여준다. 그리고 비상용 축전지 시스템이 없을 때 어느 정도의 손해가 예상되는지 설명해서 상품이 얼마나 가치 있는지 이해하도록 안내한다.

지금은 아무리 견고한 컴퓨터 보안 시스템을 갖추고 있어도 악의를 가진 사람에게 뚫릴 수 있다. 또한 지진이나 태풍 등의 자연재해로 발생하는 피해는 피할 방법이 없다. 피할 수 없으므로 시스템이 다운될 때, 재해 피해를 입을 때를 예상해 손실을 최소화하도록 미리 손을 써 두는 것이 중요하다. 그러므로 이런 피해를 막거나 손실을 최소화하는 상품과 서비스는 법인 고객에게 큰 가치를 제공한다.

여기서 잊지 말아야 할 것이 바로 2장에서도 설명했던 개인의 감정이다. 전문경영인은 큰 문제가 생기면 자리에서 내려와야 할 수도 있다. 그런데 정보 유출 리스크를 막기 위해 1억 엔을 사용한다고 해도 자신의 주머니 사정은 바뀌지 않는다. 경영자 차원에서는 금전적 손실을 줄이는 것보다 1억 엔을 쓰더라도 자리를 지킬 수 있다면 그것에 더 큰 가치를 느낄 수 있다.

많은 경영자는 자신의 신상에 닥치는 리스크의 회피·경감에 큰 가치를 느낀다. 그래서 경영자에게 설명할 때는 리스크 회피 조치를 미리 취함으로써 실제로 그 리스크가 현실이 되었을 때 법적인 책임과 인사상 책임, 도의적 책임에서 벗어날 수 있다는 점을 사례를 들어 설명하며 상대의 감정에 호소하는 것이 효과적일 수 있다. 법인 자체의 리스크 회피와 경영자 개인의 리스크 회피 두 가지 측면을 모두 강조하는 것이다.

리스크 회피·경감의 가치는 그 리스크를 실제 경험한 사람이 아니면 쉽게 알 수 없다. 그러나 이해하기 어려운 만큼 그 가치는 매우 크다. 고객이 납득한다면 리스크 회피·경감 가치를 제안함으로써 커다란 부가가치를 실현할 수 있다.

☞ 개인이든 법인 고객이든 리스크의 회피·경감에 가치를 느낀다. 수치로 제시할 수 있는 복구·회복에 드는 시간과 돈뿐만이 아니라 수치화할 수 없는 개인의 감정, 양쪽 다 중요하다.

간접적인 영향을 끼치는 CSR 향상

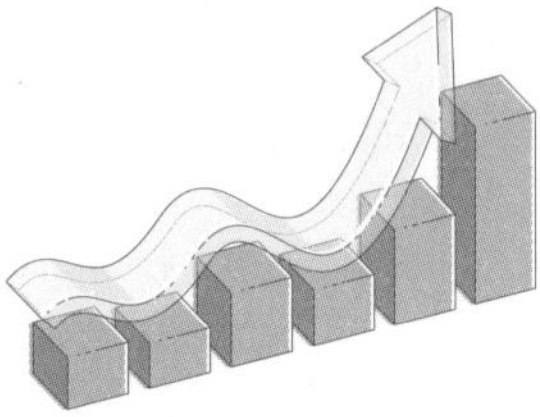

'⑤ CSR 향상'도 법인 고객에게 중요한 가치가 된다.

CSR(Corporate Social Responsibility)은 기업이 완수해야 할 사회적 책임을 말한다. CSR 활동을 적극적으로 펼쳐 사내외에 어필하면 기업 이미지를 향상시킬 수 있다.

어떤 회사라도 자사의 이미지 향상은 당연히 가치 있는 일이라고 생각할 것이다. 이 책은 부가가치에 대해 다루고 있으므로 CSR 활동으로 기업 이미지가 향상되면 어떤 부가가치가 생겨나는지 살펴본다. 법인 고객에게 제안할 때는 이 부분을 상대가 구체적으로 느끼게 해야 한다.

CSR 활동은 사외와 사내, 양쪽으로 진행한다. 대외적으로는 '우리는 지역사회에 어떤 공헌을 하고 있는가'를 어필하고, 일하는 사람들에게는 '우리 회사는 직원에게 어떤 책임을 다하고 있는가'를 어필한다.

CSR 활동은 기업 규모에 따라 차이가 큰데, 상장기업이라면 기업 이미지를 향상시켜 주가에 긍정적으로 작용하도록 하는 대외적인 CSR 활동이 필수다. 예를 들어 구체적으로 어떤 활동을 통해 SDGs(Sustainable Development Goals, 유엔 등 국제사회가 2030년까지 추구하기로 합의한 '지속가능 개발 목표')에 참여하고 있는지 대외적으로 명시하거나, 탄소 배출 저감 목표를 어떻게 달성하고 있는지 정기적으로 수치를 공개하는 식이다.

한편 사내를 대상으로 한 CSR 활동으로는 복리후생 제도의 정비, 동일 노동·동일 임금 추진, 장애인 고용 추진 등이 있다.

CSR 활동은 법과 사회의 인식에 부응하는 최소한의 대처로 끝낼 것인지, 적극적으로 대처해서 확실한 경쟁력으로 삼을 것인지 회사의 방침을 명확히 해야 한다.

예를 들어 여성이 활약하는 회사를 만든다면서 단순히 임원진에 여성 한 명을 끼워주는 형식적인 조치만 하는 것과 여성 관리자 비율이나 직군별 성비를 파악해서 구조적 차별이 있는지 확인하고 관리하는 것 사이에는 큰 차이가 있다. CSR 활동으로 회사의 이미지를 확실하게 개선하고 싶다면, 겉으로만 그럴듯해 보이려고 하는 것이 아니라 구체적인 실적까지 어필할 수 있도록 활동하는 것이 효과적이다.

이제 CSR을 통한 부가가치 창출에 대해 한 단계 더 깊이 들어가 보자.

앞서 CSR 활동의 결과 "어떤 일이 일어나는가?(어떤 부가가치가 생기는가?)"를 구체적으로 고객이 느끼게 하는 것이 중요하다고 했다. 그런데, CSR의 향상은 생산성 향상처럼 간단하게 수치화할 수 없어 정량 평가가 어렵다.

그럼 어떻게 해야 고객에게 CSR 향상이 부가가치 상승으로 이어진다는 것을 이해하게 할 수 있을까? CSR 향상은 비용 절감, 리스크의 회피·경감에 간접적으로 영향을 끼친다는 점을 이해시켜야 한다.

예를 들어 CSR을 소홀히 해서 사원에 대한 복리후생 제도를 제대로 갖추지 않고, 초과근무 수당을 지급하지 않는 회사가 있다고 하자. 직원을 소모품으로 쓰는 블랙기업이라는 소문이 나면 좋은 인재를 확보하기 어려워진다. 그러면 지원하는 사람들이 해당 업무의 적임자가 아니라도 그냥 고용하거나 헤드헌팅 업체에 많은 돈을 내면서 오랜 시간을 들여 채용 활동을 해야 한다. 이런 상태에서는 회사 전체의 생산성이 떨어질 것이다.

평판 리스크(Reputation risk, 풍문이나 악평이 퍼져서 기업의 평가·

신용이나 브랜드 가치가 떨어져 손실을 입는 리스크)도 높아지고, 기업 가치도 떨어진다. 손실이 얼마나 될지 계산할 수 없지만, 전체적으로 보면 상당히 큰 금액이 될 것이다.

CSR을 경시하면 직접적인 비용을 지출하지는 않더라도, 간접적으로 큰 대가를 치르게 된다. 반대로 CSR 활동으로 그 기업이 훌륭하다는 인식을 심어주면 좋은 인재가 저절로 많이 모여든다. 소비자도 마찬가지다. 이렇게 되면 비용을 절감할 수 있고, 리스크도 감소하며, 기업 가치가 향상된다.

그렇더라도 모든 기업에서 CSR을 최우선으로 추구하기는 어렵다. 적자를 면하기에도 허덕이는 영세 기업에 "저희의 이 제품을 도입하면 SDGs에 기여할 수 있습니다"라고 권하면 "당장 먹고살기 힘들어서 그런 걸 생각할 상황이 아닙니다"라고 거절당하기 쉬울 것이다.

법인 고객에 접근할 때는 그 기업의 상황에서 CSR이 어느 정도 중요한지 사전에 확인하는 것이 좋다. 법인 고객이 CSR을 얼마나 중시하는지, 기업 이미지가 어떤 상황인지 파악하려면 회사 홈페이지나 최신 뉴스 등을 참고하면 된다. 만약 그 기업에서 CSR 활동이 우선순위에 있다고 판단된다면 자사의 제품과 서비스로 어떻게 CSR을 향상할 수 있는지 구체적으로 제안하면 좋을 것이다.

☞ 정량 평가가 어려운 CSR 향상의 가치를 전달할 때는 비용 절감, 리스크 회피에 간접적으로 어떤 영향을 끼치는지 고객에게 어필한다.

가치×가치로 부가가치를 올린다

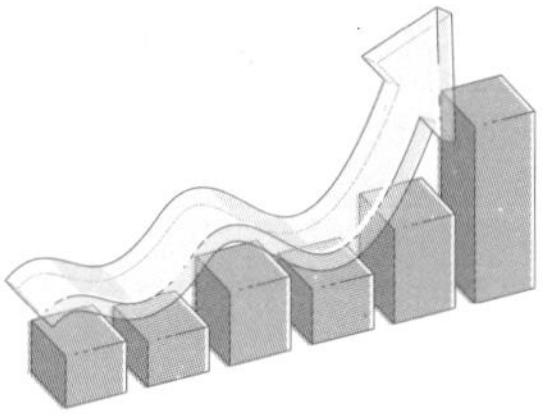

마지막으로 '⑥ 부가가치 상승'에 대해 알아보자.

부가가치 상승이란 쉽게 말해 '고객의 고객'에게 제공할 수 있는 부가가치를 향상시키는 것이다.

만약 여러분의 고객이 음식점이라고 해보자. 이 경우 '고객의 고객'은 음식점을 방문하는 손님이 된다. 우리는 그 음식점을 방문하는 손님에게 제공할 수 있는 부가가치가 무엇인지, 그것을 향상시키려면 어떻게 해야 하는지 생각해야 한다. 구체적인 예를 들어 보자.

음식점에서 인테리어에 초기 투자할 때 소박한 간판을 사용할지, 호화로운 간판을 사용할지에 따라 비용이 달라진다. 만약 5만 엔짜리 일반 간판과 50만 엔짜리 세련된 디자인의 호화로운 간판이 있다고 하자. 초기 투자 금액으로만 생각하면 분명 5만 엔짜리 간판을 사용하는 것이 좋을 것이다.

하지만 인테리어 투자의 결과가 다음과 같이 달라진다고 해보자.

① 5만 엔짜리 소박한 간판을 보고 하루 10명의 손님이 들어온다.
② 50만 엔짜리 호화 간판을 보고 하루 15명의 손님이 들어온다.

간판만 다르고 가게 메뉴가 완전히 똑같아도 고객은 가게에 들어가기 전까지 메뉴나 접객 서비스를 제대로 알기 어렵다. 따라서 간판의 차이로 ①과 ②처럼 방문객 수에 차이가 날 수도 있다.

②의 경우 고객의 기대치가 높아지기 때문에 같은 메뉴라도 상품 가격을 올릴 수 있을지도 모른다. 더 높은 가격을 받을 수 있다면 호화로운 간판으로 가게 전체의 부가가치가 향상된다.

평균 고객 단가가 3000엔이라고 해보자. 50만 엔짜리 간판을 설치하면 45만 엔의 비용이 추가되는데, 하루 방문객 수가 5명 늘어난다. ①과 ②의 매출 차액을 산출해보자. 5명×3000

엔=1만 5000엔, 1년에 300일 영업한다면 1만 5000엔×300일 =450만 엔이다. 즉, 연간 450만 엔의 매출 차액이 발생한다. 음식점 원가가 30%, 부가가치가 70%라면 부가가치 증가액은 315만 엔에 달한다.

간판의 초기 투자 금액만 보면 45만 엔의 차이가 난다. 그러나 투자 비용 회수라는 관점에서 보면, 45만 엔의 7배나 되는 315만 엔이라는 부가가치가 연간 발생한다. 간판에 큰 투자를 한 것은 고객(음식점)이 '고객의 고객(손님)'에게 제공할 수 있는 부가가치를 향상시켰다.

음식점을 대상으로 간판이나 광고를 판매하는 영업사원이라면 "사장님, 이 럭셔리한 간판은 50만 엔이지만, 연간 약 300만 엔이나 이익이 올라갈 수도 있습니다." "저희 세련된 간판의 가치는 고객에게 제공하는 가치를 더 높여줄 것입니다"라고 제안할 수 있을 것이다. 가치×가치에 따라 부가가치가 상승하는 것에 초점을 맞추어 어필한다.

키엔스에서도 좋은 사례를 찾을 수 있다. 키엔스는 많은 장치 제조회사에 공장용 센서를 판매한다. 장치 제조회사는 다양한 공장에서 주문을 받아 키엔스의 센서가 달린 장치를 납품한다.

장치 제조회사는 왜 다른 회사가 아니라 키엔스에서 센서를

표13 키엔스와 장치 제조회사의 관계도

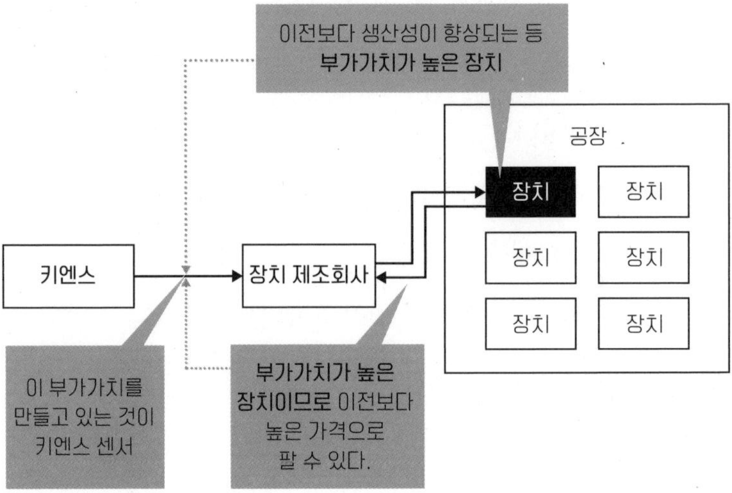

구매할까? 여기에는 여러 이유가 있다.

예를 들어 다른 제조회사가 하루에 1200개 생산한다면 키엔스는 2000개를 생산할 수 있다. 생산하는 제품 수에 차이가 없다고 해도 키엔스의 센서를 사용하면 타사의 제품보다 대폭 소형화할 수 있다. 이처럼 빠른 납기, 작은 부피, 비용 절감 등의 가치를 제공하므로 타사보다 높은 경쟁력이 있다.

키엔스의 센서로 장치 제조회사(고객)의 가치도 올라가 최종적으로 완제품을 만드는 공장(고객의 고객)의 부가가치도 상승하는 것이다.

이 경우에도 음식점의 예시와 마찬가지로 구체적인 숫자로 고객이 얻을 부가가치를 제시하는 것이 중요하다. 키엔스에서는 컨설팅 세일즈를 할 때 반드시 설명서를 사용하거나 도입 효과를 수치화해서 고객에게 부가가치가 얼마나 상승하는지 구체적으로 설명한다. 추상적인 설명만으로는 고객을 납득시킬 수 없다.

법인 고객이 추구하는 여섯 가지 가치를 이해하고, 특히 '고객 너머 고객'의 부가가치를 상승시켜야 한다는 것, 법인 고객의 부가가치도 개인이 느끼는 부가가치에서 나온다는 것을 꼭 기억해두자.

☞ 고객뿐만 아니라 '고객의 고객'이 얻을 부가가치를 생각한다.

제5장

니즈 탐색에서 가치 실현까지

영업은 부가가치 창조의 시작이다.

고객을 직접 만나는 영업사원이 깊이 파고들어

시장의 니즈를 잘 포착하면 상품 기획으로

가치를 창출할 수 있고, 상품 개발로 상품 실현을

할 수 있으며, 판매 촉진으로 가치 전개를 할 수 있다.

부가가치를 창출하는 조직의 기본구조

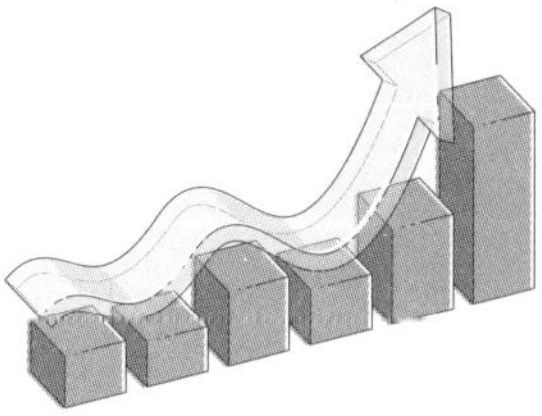

이제부터는 조직 차원에서 부가가치를 만드는 구조를 설명한다. '조직 차원'이라고 하면 경영자나 관리자를 위한 내용처럼 들리겠지만, 그렇지 않다. 영업, 기획·개발, 판매 촉진, 백오피스, 어떤 부서든, 어떤 위치든 조직의 일원으로 부가가치 창조에 기여하고 있다. '조직에서 나는 부가가치 창조를 위해 어떤 역할을 하고 있을까?'라는 관점으로 읽어보자.

키엔스처럼 조직 전체에서 높은 부가가치를 창출하는 기업의 구조는 어떻게 이루어져 있을까? 전체 모습을 살펴보자.

조직으로 부가가치를 만드는 구조는 표14와 같다. 표에서 편의상 가치라고 표기했지만 '가치=부가가치'라고 파악하면 된다.

표14 가치주의 경영 사업구조

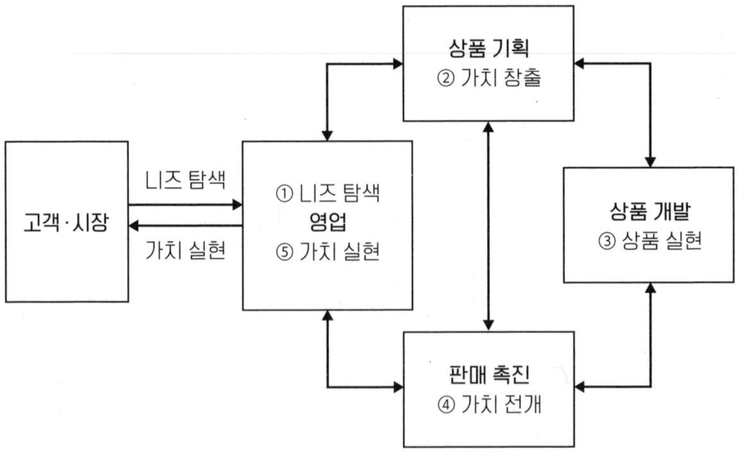

① 니즈 탐색(영업)

② 가치 창출(상품 기획)

③ 상품 실현(상품 개발)

④ 가치 전개(판매 촉진)

⑤ 가치 실현(영업)

이것이 키엔스처럼 높은 부가가치를 만드는 조직의 기본구조인데, 나는 이것을 가치주의 경영 사업구조라고 부른다. 이 표현을 통해 전하고 싶은 메시지는 지극히 단순하다. 조직 전체에서 부가가치를 만들어 고객에게 제공하고 있다는 것이다.

이 사업구조의 전체상을 간단히 설명해보면 다음과 같다.

우선 영업이 고객·시장의 니즈를 탐색한다. 니즈를 파악한 다음 니즈를 충족하는 부가가치가 무엇인지, 고객의 문제를 해결하려면 어떻게 해야 할지 생각한다. 이것이 ② 가치 창출(상품 기획) 단계다.

가치 창출이 가능하면 그 가치를 실제 형태로 만드는 ③ 상품 실현(상품 개발) 단계로 나아간다. 그다음 고객에게 상품의 부가가치를 어떻게 전달하고 어떻게 실제 구매로 이끌지 고려해서 판매 촉진 활동을 실행한다. ④ 가치 전개(판매 촉진) 단계다. 마지막으로 영업이 상품을 고객·시장에 전달해 사용하게 함으로써 ⑤ 가치를 실현한다.

표14에는 영업, 상품 기획, 상품 개발, 판매 촉진만 적었지만, 관리, 인사, 총무 등 백오피스에서 일하는 사람들도 ①부터 ⑤까지의 단계에서 중요한 역할을 맡고 있다.

이 사업 구조도에서 중요한 것은 ①부터 ⑤까지가 따로따로 움직이는 것이 아니라 모든 것이 연결되어 연동되어야 한다는 것이다. 조직이 원활하게 연동되지 못하는 회사에서는 "저는 ○○을 담당하고 있어서……." "우리 부서의 책임은 ○○이라서……." 라면서 자신이 직접 담당한 업무, 눈앞의 업무 외에는 관심을 두지 않는다. 그 결과 부가가치를 창조하는 조직으로 제대로 기능하지 못한다.

모든 업무는 고객에게 부가가치를 창조하고 제공하기 위해 존재한다. 일단 자신이 표14의 어느 단계에 있고, 무엇을 해야 하는지, 조직의 일원으로서 고객에게 부가가치를 제공하려면 어떻게 해야 하는지 생각해보자.

☞ 고부가가치 기업에서는 개개인이 부가가치 창출과 제공에 자신이 어떻게 기여하는지 명확하게 인식하고 일한다.

업계 사람은
업계를 잘 모른다

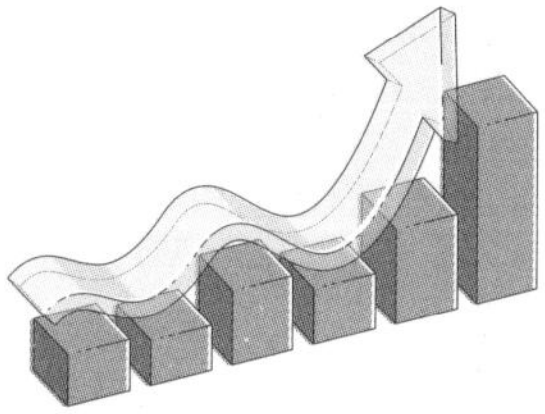

상품이나 서비스의 부가가치를 실제로 누리는 것은 고객·시장이다. 그 고객·시장이 원하는 부가가치를 알기 위해 가장 깊이 파고들어 니즈를 탐색할 수 있는 것은 고객과 직접 마주하는 영업사원이다. 그런 영업사원에게 가장 중요한 것은 무엇일까? 나는 이렇게 답한다.

"영업의 목적은 고객을 성공으로 이끌려는 한결같은 자세를 바탕으로, 고객이 최적의 의사결정을 내리도록 지원하는 것이며, 물건이나 서비스를 파는 것이 목적은 아니다."

내가 영업자들을 대상으로 한 세미나에서 "여러분 중 영업자와 얘기하는 것을 좋아하는 사람 있나요?"라고 물으면 아무도 손을 들지 않는다. 반대로 "영업자의 얘기를 듣는 것이 좋은지 싫은지 선택해야 한다면 싫다는 사람 있나요?"라고 물으면 열 명 중 아홉은 손을 든다.

기본적으로 사람들은 "이것을 좀 사주시겠어요?"라고 세일즈 대상이 되는 것을 싫어한다. 영업 활동에 종사하는 사람들은 먼저 사람은 판매자의 이익을 위해 물건을 사도록 설득당하는 것을 원치 않는다는 사실을 확실히 인식할 필요가 있다.

영업해서 상품이 팔린다는 것은 어디까지나 판매하는 측의 성공이다. 당연하게도 고객은 판매하는 쪽의 성공에는 관심이 없다. 고객이 원하는 것은 자신의 성공이다.

그렇다면 법인 고객에게 자신의 성공이란 어떤 것일까? 그것은 법인 고객이 제공하는 상품이나 서비스가 고객에게 전달되고, 나아가 그 너머에 있는 최종 사용자가 구매하는 것이다.

그것에 기여할 수 있는 '고객의 성공으로 이어지는 정보'를 제대로 전달할 수 있다면 고객은 영업 활동의 대상이 되는 것을 싫어하기는커녕 "잘 와주셨어요. 또 좋은 정보 가져오셨죠?"라고 싱글벙글한 표정으로 맞이할 것이다.

'고객의 성공으로 이어지는 정보'는 시장 속, 우리가 종사하는 업계 곳곳에 산재해 있다. 그러나 그것을 잘 알아차리지 못하는 고객이 많다. 업계 사람은 업계에 대해 잘 모르기 때문이다. 좀 더 정확하게 표현하자면 일정 수준까지는 잘 알지만, 그 이상은 통달하지 못하는 것이다. 그 이상의 정보를 찾아서 알려주는 것이 영업의 중요한 역할이다.

예를 들어 자동차 부품 회사의 영업사원이라고 해보자. 직접 만나는 고객은 자동차 제조사다. 그 자동차 제조사 너머에 많은 자동차 판매점이 있고, 그 너머에 최종 사용자인 차를 구매하는 고객이 있다.

자동차 제조사는 서로 경쟁하기 때문에 당연하게도 자사의 경영전략, 가령 가까운 시일에 출시하는 신차 정보 같은 것은 경쟁사에 알려주지 않는다. 결국 각 자동차 제조사는 자사의 판매점 사정에 대해서는 잘 알고 있지만, 중요한 타사의 최신 동향은 자세히 알지 못한다. 이것은 어떤 업계든 마찬가지다.

영업의 중요한 역할은 업계 동향을 잘 모르는 고객에게 업계 정보, 고객이 성공하는 데 필요한 정보를 알려주는 것이다. 그러기 위해 영업사원은 고객이 있는 곳에 자주 방문해야 한다.

키엔스에서는 영업사원이 고객사의 모든 공장에 자주 방문해 정보를 제공하고 있다. 그 결과 고객이 돈을 쓰도록 하는 게 목적인 영업사원이 환영받기 어려운 현실에서도, 키엔스의 영업사원은 가치 있는 정보 제공자로서 고객에게 환영받는 모습을 흔히 목격할 수 있다.

☞ 일반적으로 고객은 돈을 쓰도록 설득하는 게 목적인 영업사원을 부담스러워하지만, 고객의 성공에 필요한 정보를 제공한다면, 영업사원도 얼마든지 환영받을 수 있다.

고객의 니즈를 명확하게, 완전히, 인식의 차이 없이 이해한다

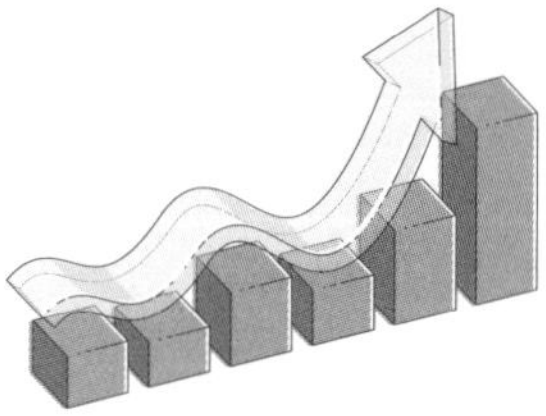

영업사원이 고객의 니즈가 어디에 있는지를 찾고, 고객이 최적의 의사결정을 하게 하려면 다음 세 가지가 꼭 필요하다. 그것은 고객의 니즈를

① 명확하게

② 완전히

③ 인식의 차이 없이

이해하는 것이다. 이 세 가지는 각각 다음과 같이 정의할 수 있다.

① 명확하게 이해한다.

고객의 니즈 하나하나가 구체적으로 무엇인지 알고 있다. 그것이 왜 중요한지 알고 있다.

② 완전히 이해한다.

고객의 모든 니즈를 알고 있고, 그것들의 우선순위를 알고 있다.

③ 인식의 차이 없이 이해한다

고객의 마음속에 있는 니즈의 모습을 똑같이 인식한다.

먼저 ①, ②부터 살펴보자. 고객의 니즈를 명확하게, 완전히 이해하려면 철저하게 경청해야 한다. 철저하게 경청한다는 것은 어떤 것일까? 개인 고객의 대화를 예로 들어보자.

인터넷 회선을 판매하는 회사의 영업사원이 되었다고 생각하고, 인터넷 환경을 개선하고 싶은 고객의 이야기를 듣는 상황을 가정해 보자. 고객이 꺼낸 주된 니즈는 두 가지로, 쾌적한 인터넷 환경과 좋은 서비스를 원한다는 얘기였다. 이때 상대의 니즈를 명확하게, 완전히 이해하려면 더 깊이 들어가야 한다.

사원 "쾌적한 인터넷 환경이라고 하셨는데 구체적으로 어떤 환경을 원하시나요?"

고객 "가족 모두가 동시에 접속해도 연결이 원활했으면 좋겠어요."

사원 "그러시군요. 혹시 지금 어떤 문제가 있나요?"

고객 "온 가족이 한꺼번에 인터넷에 연결하면 접속이 원활하지 않아서 아이가 화상강의를 들으며 공부할 때 지장이 있어요."

사원 "큰일이네요. 자녀분들이 뭐라고 하나요?"

고객 "스트레스를 받아서 화를 내더라고요. 그러면 아내가 아이의 기분을 맞춰주려고 예정에 없던 외식을 하기도 하고……. 그래서 아내도 스트레스가 쌓인다니까요."

사원 "인터넷 접속이 끊기거나 지연되지 않는 환경이 필요하시군요. 참고로 좀 전에 좋은 서비스를 받고 싶다고도 하셨는데, 그게 구체적으로 어떤 것일까요?"

고객 "우리 집이 이사를 자주 해요. 이사할 때 서비스 이전이나 해지가 간편했으면 좋겠어요."

사원 "아, 네. 알겠습니다. 혹시 그 전에 무슨 문제가 있었나요?"

고객 "전근을 하게 되어 급하게 이사하는 일이 몇 번 있었거든요. 그때 다른 인터넷 회사와 신규 계약을 했더니 해약금이나 신규 가입비가 발생해서 불편하고 비용도 많이 들었어요. 한동안 인터넷 연결이 안 돼서 가족도 불편을 겪어야 했고……."

사원 "그런 일이 있으셨군요. 그렇다면 그런 경우를 대비한 옵션 서비스도 고려하는 게 좋겠네요."

고객 "그렇게 해주시면 좋죠."

사원 "그럼 이야기해주신 내용을 종합해보겠습니다. 온 가족이 동시에 이용해도 접속이 원활한 회선이어야 불필요한 스트레스를 받지 않으시겠죠. 그리고 이사 등으로 이전을 해야 할 때 불필요한 수고나 해약금이 들지 않는 가입 형태를 원하시는 거고요. 그럼 이 내용의 플랜으로 준비하면 될까요?"

고객 "좋아요. 그렇게 해주세요."

이렇게 고객의 니즈를 명확하게, 완전히 이해하기 위해 철저하게 경청하는 습관을 들이면 계약 성공률이 높아질 것이다.

고객은 처음에 쾌적한 인터넷 환경과 좋은 서비스를 받고 싶다고, 다소 막연하게 얘기했다. 그게 정확히 어떤 뜻인지 이해하려면 더 깊이 파고들어야 한다. 구체적으로 어떤 것인지, 그것이 왜 중요한지 그 니즈가 생겨난 고객의 배경과 상황을 파악해야 한다. 그래야 고객의 니즈를 명확하게, 완전히 이해할 수 있다.

법인 고객일 때도 마찬가지다. 예를 들어 50대의 태블릿 도입을 검토 중인 고객이 있다고 하자. 고객이 사용하기 편한 기종으로 하고 싶다고 하거나 서비스가 편리했으면 한다고 얘기한다면 역시 구체적으로 어떤 의미인지, 그것이 왜 중요한지 그 니즈가 생겨난 고객의 배경과 상황을 파악할 수 있도록 깊이 있는 대화를 나누어야 한다.

특히 개인 고객을 응대할 때는 고객의 니즈가 감정과 깊이 연결되는 경우가 많으므로 그 부분에 주의해서 듣는다. 인터넷 회선 사례에서 '아이가 스트레스로 화를 낸다' '아내도 스트레스를 받는다' '이사할 때마다 번거롭고 부담스럽다' '가족이 한동안 인터넷 없이 지내는 걸 참아야 했다' 등 감정적 측면의 니즈가 중요하게 작용한다는 것을 알 수 있다.

한편 법인 고객의 경우는 4장에서 설명한 ① 생산성 향상 ② 재무 개선 ③ 비용 절감 ④ 리스크 회피·경감 ⑤ CSR 향상 ⑥ 부가가치 상승이라는 여섯 가지 요소를 모두 고려해서 경청하면서 이를 종합해 가치 제안을 해야 한다.

☞ 고객의 니즈에 대해 경청할 때는 구체적으로 어떤 것인지, 그것이 왜 중요한지, 그 니즈가 생겨난 고객의 배경과 상황을 파악해야 한다.

현장을 본 적 없는 영업사원은 고객의 니즈를 알 수 없다

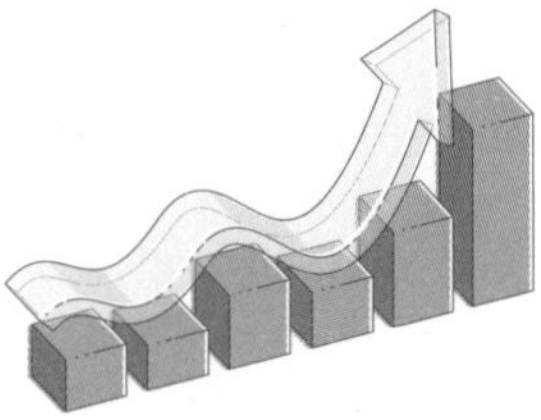

이제 영업사원이 고객의 니즈를 찾고, 최적의 의사결정을 하도록 돕기 위해 필요한 요소 세 번째, '③ 인식의 차이 없이 이해한다=고객의 마음속에 있는 니즈의 모습을 똑같이 인식한다'에 대해 살펴보자.

이것은 세 가지 요소 중 가장 중요하다. 고객이 생각하는 니즈와 영업사원이 생각하는 고객의 니즈에 조금이라도 차이가 있으면, 제공하는 부가가치의 내용(상품의 사양 등)에도 차이가 생겨서 고객에게 정말 필요한 고부가가치를 만들어 낼 수 없기 때문이다.

고객의 니즈를 인식의 차이 없이 이해한다는 것은 어떤 것일까? 영업사원이 처음 고객과 상담할 때는 고객을 둘러싼 환경의 전체 모습을 본 적이 없다. 고객의 말을 귀 기울여 들어도 고객을 둘러싼 환경의 문제나 과제에 대해 단편적으로만 알 수 있을 뿐이다. 그 상태로는 고객이 일하고 있는 장면을 그대로 머릿속에 떠올리기 어렵다.

어떻게 해야 고객을 둘러싼 환경의 전체 모습을 알 수 있을까? 실제 현장에 가서 고객과 같은 광경을 보고, 관찰하고, 체험하는 수밖에 없다.

시스템 회사의 영업사원이라면 고객의 사무실에 가서 실제로 고객의 컴퓨터를 사용해본다. 그리고 컴퓨터 안에 어떤 프로그램이 들어 있는지, 인트라넷 시스템의 문제가 어디에 있는지 잘 관찰하고 현장에서 일하는 사람들의 이야기를 직접 들어야 한다.

관성에 빠진 영업사원은 기존 고객이나 잠재 고객이 실제로 어떻게 일하는지, 어떤 생활을 하는지 모른다. 꼭 현장에 가서 고객과 같은 광경을 보고 체험해봐야 한다. 그리고 고객의 마음속에 있는 니즈의 모습을 똑같이 그릴 수 있을 때까지 그들의 니즈를 계속 탐색하자.

☞ 실제로 현장에 가서 고객과 같은 광경을 보고, 관찰하고, 체험하면 인식의 차이 없이 고객의 니즈를 이해할 수 있다.

알았다고 생각하는 순간 하수가 된다

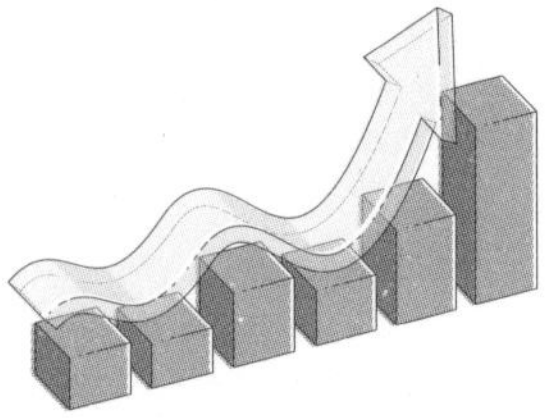

만약 열심히 노력해서 '고객의 니즈를 명확하게, 완전히, 인식의 차이 없이 이해했다'라고 생각하게 되었다고 해도 안심해선 안 된다. 니즈를 탐구하는 데는 끝이 없기 때문이다. 세미나에서 내가 꼭 하는 말이 있다.

"니즈 탐구에 끝은 없다. 알았다고 생각하는 순간 하수가 된다."

정말로 고객의 니즈에 부응하는 부가가치를 만들고 싶다면 이 말을 반드시 기억하자. 비즈니스를 하는 사람들에게 슬럼프가 찾아오는 것은 '업계가 어떻게 돌아가는지 대강 알고 있지' '고객사에서 뭘 원하는지 충분히 알고 있어'라고 생각할 때다.

이런 생각을 하는 사람은 지금은 어떻게든 버티더라도 나중에 실적이 떨어지게 된다. 이것은 단지 영업 실적이 부진해지는 문제에 그치는 것이 아니라 고객을 존중하지 않고 비즈니스의 본질에서 벗어나는 일이다.

내가 아내에게 "나는 당신에 대해 전부 알고 있어"라고 말하면 아마도 "무례해! 당신은 나를 잘 모른다는 사실조차 모르는구나"라는 답이 돌아올 것이다. 물론 오랫동안 함께 산 아내의 취향이나 선호를 잘 몰라서 매번 물어본다면 그것도 무례한 일이다. 그렇게 되면 아내는 '그동안 내 말에 전혀 귀 기울이지 않았군. 도대체 나에 대해 아는 게 뭐야?'라고 생각할 것이다.

우리가 제대로 일해 왔다면 업계나 고객에 대해 알고 있는 것이 많을 것이다. 하지만 아직 모르는 부분도 많고, 무엇보다도 고객과 시장은 늘 변화한다. 그러니 더 알고자 하는 자세로 고객의 니즈를 계속 탐구해야 한다.

"귀하에 대해, 귀사에 대해 홈페이지와 SNS 등에서 여러모로 찾아보고 여기까지는 알고 있습니다. 다만 ○○에 관해 좀 더 자세한 이야기를 들려주시면 제가 최적의 제안을 하는 데 큰 도움이 될 것 같습니다. 좀 더 알려주시겠어요?"

이런 자세로 고객을 대하면, 상대도 '이 사람은 성실하고 훌륭하다. 진짜 전문가구나'라고 생각할 것이다. 이것이 일류 영업인의 자세다.

비즈니스에 대해 얘기할 때 '그런 건 이미 알고 있는데'라고 생각하는 듯한 표정을 숨기지 못하는 사람이 있다. 우리는 "알고 있다"는 말과 그런 태도가 지닌 위험성을 깨달아야 한다.

예를 들어 신입사원에게 업무 팁을 알려주고자 "이렇게 하는 편이 좋아요"라고 조언했는데, "아, 그건 이미 알고 있어요"라고 대답한다면 어떤 생각이 들까? 겉으로는 웃으면서 "아, 그래요? 역시 대단해요!"라고 말하면서 마음속으로는 '이 사람에게 다시는 내 경험과 지식을 알려주지 않을 거야!'라고 생각하지 않을까?

알고 있다는 말은 말하는 쪽과 듣는 쪽의 의미가 전혀 다르다. 말하는 쪽은 그냥 머릿속에 떠오른 생각을 얘기한 것이지만, 듣는 쪽은 조언 거절, 정보 제공의 거절이라고 받아들인다.

만약 고객에게 "귀사에 대해, 업계에 대해 잘 알고 있습니다"라고 하거나 말로 하지 않아도 그런 생각이 태도에 드러난다면 고객은 '그렇게 잘 알고 있으면 진작에 더 좋은 제안을 해주시지 그랬어요? 내가 할 말이 없잖아요'라고 생각할 것이다. 그 순간 니즈를 파악하기 위해 필요한 고객의 정보 제공은 중단된다.

고객의 목소리를 철저히 듣고, 니즈를 탐구하는 일에는 끝이 없다. “이것으로 전부 이해했다”라는 순간은 절대로 오지 않는다는 것을 인식해야 한다.

☞ 니즈 탐구에 끝은 없다. 늘 겸허하게 고객의 말에 귀를 기울여라.

못 파는 사람은 특징을 말하고, 잘 파는 사람은 이점을 말한다

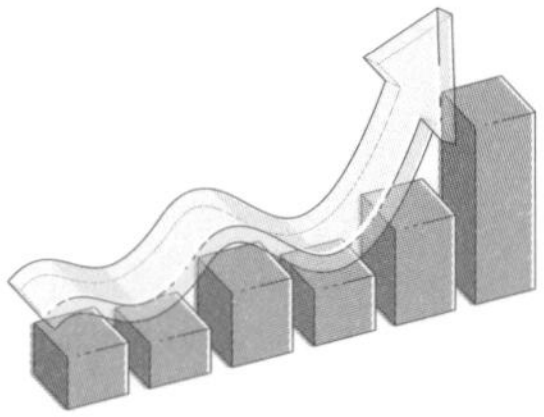

니즈 탐색을 통해 개발한 상품을 고객에게 전달해야 영업 활동이 완수된다. 고객이 상품을 구매해서 사용하게 하려면 상품의 훌륭함을 알리기 위한 설명 능력, 제안 능력이 필요하다. 이때 핵심은 상품의 특징과 이점을 구분해서 고객에게 설명할 때 설득력을 높이는 것이다.

예를 들어 스마트폰을 판매하는 회사의 영업사원이 고객에게 다음 두 가지를 설명한다고 해보자.

① 스팸메일 차단 서비스와 미성년자 유해 사이트 필터링 기능이 있습니다.

② 이 스마트폰은 자녀분이 안심하고 사용할 수 있습니다.

이 두 가지 설명의 차이는 무엇일까? 결정적인 차이점은 ①은 스마트폰의 특징을 이야기하고, ②는 이점을 이야기한다는 점이다. ①처럼 특징만을 강조해서 고객에게 설명하는 영업은 설득력이 약하고 ②처럼 주로 이점을 설명하는 영업은 판매 실적이 올라간다. 고객은 상품의 특징보다 어떻게 도움이 되는지 이점을 알고 싶어 하기 때문이다. 상품의 사양이 복잡할수록 특징을 자세히 설명하기보다는 고객에게 어떤 이점을 제공하는지 알기 쉽게 전달하는 것이 중요하다.

고객의 관점에서 생각하면 자연스럽게 특징보다 이점에 초점을 맞추어 말하게 될 것이다. 물론 특징을 설명하는 것도 필요하다. 다만 그 특징을 통해 어떤 이점을 제공할 것인지를 주로 설명해야 한다. 그 상품 자체의 특징이 아닌, 그 상품의 부가가치를 고객에게 어필해야 한다.

특징과 이점의 큰 차이는 주어에 있다. 특징의 주어는 '우리(자사)'다. 이점의 주어는 '고객'이다. 조금 전의 예를 살펴보면 ①은 "(우리는) 이런 기능을 갖춘 스마트폰을 만들었습니다"가 되고, ②는 "(고객이) 안심하고 사용할 수 있습니다"라는 의미가 된다. <u>고객이 주어가 되는 내용이 아니면 상대의 마음을 움직일 수 없다.</u>

못 파는 사람은 "저희 상품은 이런 기능과 특징을 가지고 있습니다. 도입해보시면 어떨까요?"라고 말한다. 그런 대화는 계속 진전되어 구매로 연결되기 어렵다.

반면에 "저희 상품에는 이런 기능과 특징이 있습니다. 이 상품을 도입하면 귀사에서 이 부분이 이렇게 달라집니다. 그 결과 사업이 전체적으로 이렇게 개선될 것입니다"라고 이점을 중심으로 이야기하면 고객이 관심을 보이며 검토할 가능성이 커진다.

이점을 말하는 것은 고객의 생활이나, 고객사에 일어나는 긍정적인 변화를 이야기하는 것이다. "결과로 보여준다"라는 광고문구로 유명한 퍼스널 헬스클럽 라이잡(Rizap)이라는 회사가 있다. 서비스 이용자들의 체형의 비포, 애프터에 초점을 맞춘 라이잡의 광고는 그야말로 고객에게 일어나는 변화만으로 잠재 소비자들에게 어필한다. 변화가 고객에게 가장 큰 부가가치가 된다는 것을 알고 있기 때문이다.

영업사원이 고객에게 앞으로 일어날 변화를 이야기할 수 없다면 그것은 영업이 아니라 단지 상품의 특징만 설명하는 전단지 역할을 하는 셈이다.

세미나에서 이런 이야기를 하면 "저는 자사 상품의 특징을 중심으로 설명하지만 그래도 그럭저럭 잘 판매하고 있는데요"라고 말하는 영업자들도 많다. 그럴 때 나는 "맞습니다. 상품의 특징만 전달해도 구매하는 고객도 많죠"라고 말한다. 그런 다음 그 이유를 설명한다.

"특징만 이야기해도 구매하는 고객은 지식이 풍부한 현명한 고객입니다. 특징만 파악해도 자신의 회사에 어떻게 적용할지 스스로 알아서 이점을 찾아내는 고마운 고객이죠. 하지만 현명한 고객은 우리에게 큰 이익을 주지는 못합니다. 현명한 고객은 스스로 자사에 맞는 상품을 찾아낼 능력이 있으므로 영업사원이 협상력을 발휘할 여지가 없습니다. 바로 견적 비교와 가격 인하 협상에 들어가게 됩니다. 그런 고객은 가격이나 원가에 대해서도 자세히 알아보고 상세하게 파악하므로 우리가 이익을 많이 남기며 물건을 팔기가 어렵습니다."

자사에 맞는 상품을 스스로 알아보고 선택할 수 있는 고객은 정보 면에서 우위에 있으므로 할인을 요구한다. 그러므로 특징밖에 이야기하지 못하는 영업사원은 계약 성공률이 낮고, 건당 계약 단가도 이익률도 낮다.

☞ 상품을 설명할 때는 고객에게 긍정적인 변화를 가져오는 이점을 중심으로 전달한다.

So what? 그래서 뭐?

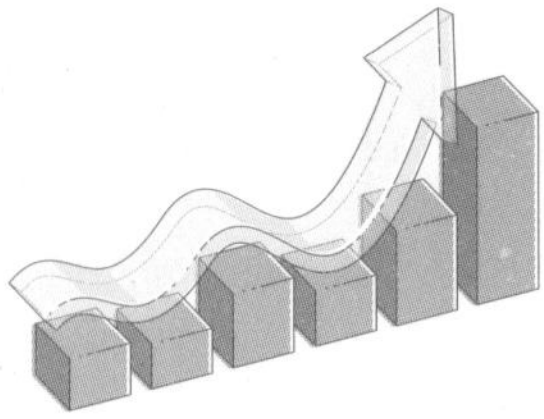

고객에게 이점을 전달할 때 중요한 키워드가 있다. 바로 'So what?(그래서 뭐?)'이다. 상품의 특징을 이야기한 후에 이점을 설명하지 않는다면 고객은 이렇게 생각할 것이다.

'그래서 뭐?'

이때 '그래서 뭐?'에 대한 답, 즉 상품의 이점과 고객에게 일어나는 긍정적 변화를 명확하게 설명해야 한다. 몇 가지 예를 들어보자.

"이미지를 통해 자동으로 혈압이나 스트레스 상태를 파악할 수 있습니다."

(고객) '그래서 뭐?'

→ "고객의 병원에서 상태가 급변하는 환자를 간호사 대신 자동으로 발견하므로 돌발 상황에 대처할 수 있습니다. 이 장치가 대체하는 인건비를 계산하면 연간 1200만 엔 정도 절감할 수도 있습니다."

이점을 이야기할 때는 같은 상품이라도 눈앞에 있는 사람에게 가장 직접적인 이점이 무엇인지 잘 생각해서 그 사람에게 맞게 설명하는 것이 중요하다.

"이 태블릿은 가독성이 좋습니다."

(고객) '그래서 뭐?'

→ (A에게) "눈이 나쁜 사람도 잘 보입니다."

(B에게) "한눈에 판단할 수 있어, 시간이 절약됩니다."

(C에게) "태블릿이 익숙하지 않은 사람도 쉽게 쓸 수 있어요."

"이 기계는 자동으로 설거지를 해줍니다."

(고객) '그래서 뭐?'

→ (주부에게) "이 제품을 사용하시면 손에 물이 마르지 않는 지금보다 훨씬 더 손을 잘 관리하실 수 있어요. 취미활동이나 휴식을 할 수 있는 시간도 늘어나고요."

(가족에게) "설거지 때문에 가족이 서로 눈치 볼 일이 줄어들고 함께 오붓하게 지내는 시간이 늘어날 거예요."

이처럼 이점을 이야기할 때는 눈앞의 상대의 니즈를 정확하게 파악한 뒤 잘 조준해서 이야기한다. 이것이야말로 진정한 상품 이해라고 할 수 있다. 일반적으로 상품 이해란 상품 자체의 특징을 이해하는 것이지만, 진정한 상품 이해란 그 상품의 특징이 어떤 고객에게 어떤 이점이나 가치를 가져다줄 것인지까지 이해하는 것이다.

니즈 탐구에 끝이 없다고 했지만, 상품 이해에도 끝은 없다고 할 수 있다.

☞ 상품의 이점을 설명할 때는 '그래서 뭐?'에 대한 답을 전달한다.

비용이 아니라 부가가치를 기준으로 가격을 정한다

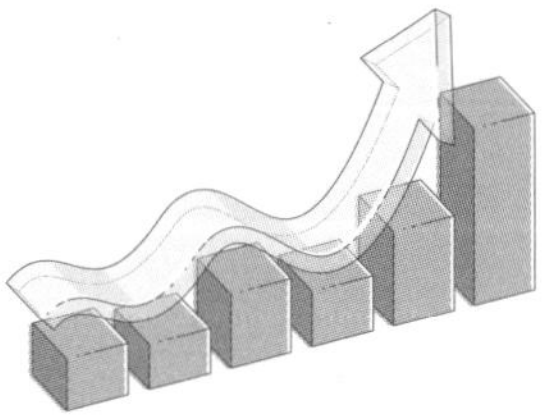

가치 창출이란 부가가치의 반영인 상품의 가격을 결정하고 고객에게 제시하는 것이다. 아무리 높은 부가가치를 만들어도 그것이 가격에 반영되지 않으면 의미가 없다. 고객에게 고부가가치를 제공하면서 동시에 자사의 이익을 높일 때 부가가치를 창조하는 기업이 된다.

부가가치와 가격의 관계를 살펴보자. 만약 어떤 상품의 원가와 판관비는 그대로인 채 가격을 20% 올렸다면 이익은 어떻게 될까?

표15는 책을 시작하면서 「들어가며」에서 설명한 것과 같은 조건의 표다. 가격이 100이고 이익이 5% 나는 상품이 있다고 했을 때 가격이 120으로 오르면 이익은 5%에서 25%로 5배가

표15 부가가치를 만든 후 가격에 반영한다

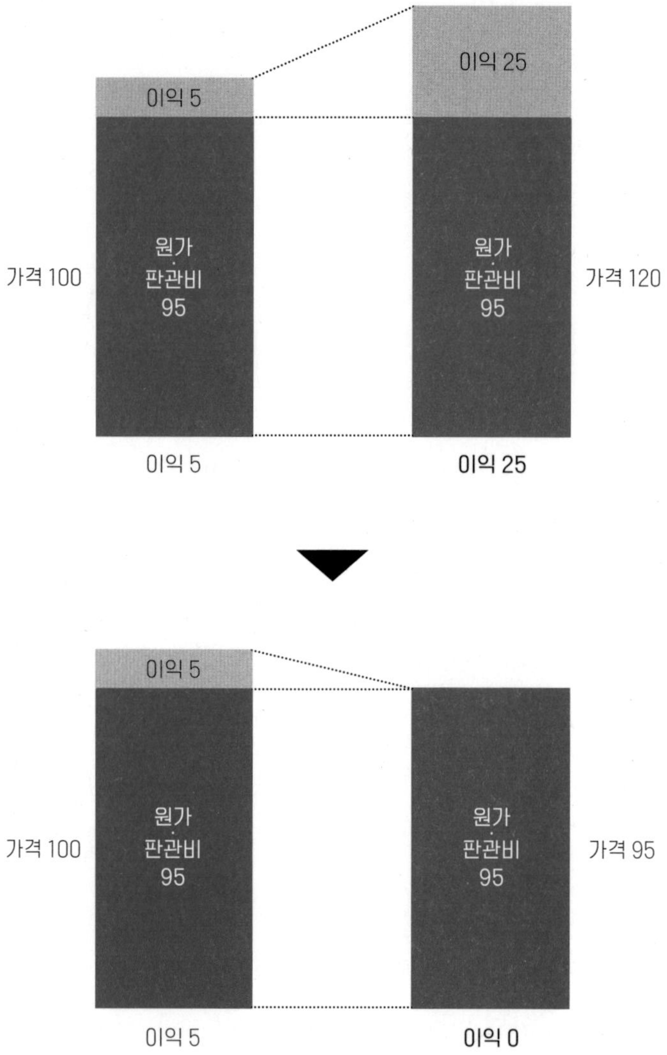

된다. 반대로 고객의 할인 요청을 받아들여 가격을 5% 낮췄다고 하자. 그러면 이익은 0이 된다.

여기서 이 표를 다시 제시한 것은 고객에게 제공하는 부가가치를 통해 이익을 얻을 때 가격의 영향력이 얼마나 큰지 설명하기 위해서다. 이런 이유로 모든 기업은, 비즈니스를 하는 모든 사람은 가격에 대해 고민하고 또 고민해야 한다.

이 표에서 가격을 올려도 원가와 판관비는 같으므로 노력과 비용은 바뀌지 않는다. 일하는 방식은 그대로이므로 같은 노동시간에 높은 생산성을 달성할 수 있다.

단순히 가격을 올림으로써 이익을 높이는 것이 가능해진다. 물론 '비싸면 안 팔릴 텐데' '아무 이유 없이 갑자기 가격을 올리면 고객이 반발하지 않을까?'라는 반문이 당연히 따른다.

나는 영업자들과의 세미나에서 "신상품을 내놓을 때, 가격을 인상할 때 가장 중요한 것은 무엇보다도 영업자 스스로 그 가격에 대해 자신감을 갖고 고객에게 이것이 이득이라고 당당하게 말할 수 있어야 한다는 점입니다"라고 말한다.

영업사원이 상품의 부가가치가 가격에 적절하게 반영된 것이라고 자신하지 않으면 고객에게 제안할 때 "신상품이 나왔는데, 이번에는 여러 상황이 겹쳐 고가에 출시되었습니다"라고 말하게 된다. 영업사원 스스로 비싸다고 여기는 상품을 고객이 구매하기는 어렵다.

원래 비싼 가격, 원래 싼 가격이라는 것은 없다. 싸고 비싸고는 상대적인 문제이며, '누가, 언제, 무엇을, 어디서, 어떤 목적으로 그 상품을 사용하는지'에 따라 달라진다.

예를 들어 동네 편의점에서 생수를 살 때와 코펜하겐 공항에서 생수를 살 때는 가격이 몇 배 차이가 나고, 우리는 그것을 자연스럽게 받아들인다. 일본에서 메밀국수를 먹으면 최저 300엔~500엔, 비싸도 1000엔 전후 가격이지만, 시애틀에서는 2000엔 정도 한다.

비싼지 저렴한지는 그 사람의 가치관이나 경제력에 따라서도 결정된다. 명품 슈퍼카를 사고 싶어 하는 사람들은 명품 브랜드 자체에 가치를 느낀다. 슈퍼카를 사러 온 고객에게 "고객님, 이쪽이 연비가 좋고 저렴합니다"라며 가성비가 좋은 차를 권하면 고객은 기분이 언짢아질 것이다.

키엔스에서는 부가가치와 가격의 관계를 부가가치 창출에서 중요한 요소로 인식하고 신중하게 가격 전략을 구사한다. 자동 개폐 기능이 있는 변기에는 센서가 사용되는데, 일반 제조업체의 센서가 화장실 제조회사에 도매로 들어가는 금액은 개당 50엔에서 100엔 정도다.

반면에 키엔스가 공장자동화용 센서를 공장의 생산성 향상을 위한 상품으로 판매하는 경우 개당 1만 엔 이상, 비싼 것은 10만 엔이 넘어간다.

물론 원가도 화장실용 센서보다 공장자동화용 센서가 훨씬 더 높다. 그러나 원가 상승과 단순 비례하지 않는 고부가가치를 실현해 이익이 현저하게 높다.

키엔스는 부가가치를 기준으로 가격을 결정하는 것을 기본으로 하고 있다. "고객이 얻는 부가가치가 ○○이므로 ○○엔에 팔자"는 발상으로 가격을 정한다. 부가가치를 기준으로 가격을 결정할 수 있다면 이익이 제한되지 않는다.

한편 원가나 비용을 기준으로 한 가격 결정, 즉 "자사의 비용이 ○○엔이니까 약간의 마진을 붙여 ○○엔에 팔자"는 발상으로 가격을 결정하면 이익의 규모는 크게 제한된다.

나는 세미나 참가자들에게 종종 다음과 같은 질문을 한다.

"기업체 연수 프로그램에 대해 생각해봅시다. 연수의 주제는 '관리직 연수'이고 한 달에 한 번, 반년 동안 총 여섯 번, 한 번에 관리자 여덟 명이 수강합니다. 여러분은 이 연수 프로그램의 가격이 얼마라고 생각하십니까?"

그러면 많은 사람이 "아마 수백만 엔 정도 되지 않을까요?"라고 대답한다. 하지만 실제 이 연수의 가격은 2000만 엔이다. 이 가격을 알고 나면 수백만 엔 정도로 예상했던 사람들의 얼

굴에는 당황하는 기색이 보인다. 그럴 수밖에 없는 것이 내가 일부러 처음에 연수의 특징만 말했기 때문이다.

연수 횟수, 대상 인원 정도에 대한 정보만 제공하고 2000만 엔이라고 하면 상당히 비싸게 느껴지므로 그 연수 프로그램을 구매할 회사는 없을 것이다.

그러나 "이 관리직 연수를 받으면 성과는 그대로인 채 초과근무가 크게 줄어듭니다. 업무시간 절감, 생산성 향상, 업무 방식 개혁 등 해묵은 과제를 이 연수를 통해 달성할 수 있습니다. 초과근무 수당만 해도 얼마나 줄어들까요? 연간 약 4억 엔입니다! 이를 위한 투자가 2000만 엔입니다. 어떻습니까?" 이렇게 이점과 가치를 중심으로 이야기하면 상대방은 "그렇다면 타당한 가격이군요"라고 수긍한다.

4억 엔의 부가가치를 제공하므로 가격이 2000만 엔이어도 고객은 큰 이점이 있다고 받아들인다. 이것이 부가가치를 기준으로 가격을 결정한다는 것의 의미다.

☞ 상품의 이점을 제대로 설명하면 부가가치를 기준으로 한 가격 결정에 고객이 수긍할 수 있다.

높은 가격을 책정하기 위한 세 가지 질문

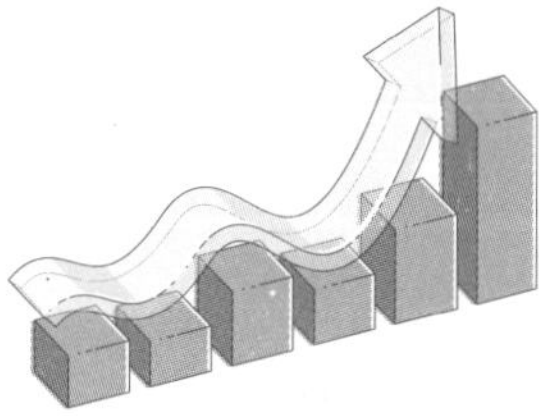

부가가치를 기준으로 높은 가격을 책정해서 판매하려고 한다면 다음의 세 가지 질문에 분명하게 대답할 수 있어야 한다.

① "정말 그 부가가치를 얻을 수 있는가?"
→ "얻을 수 있다."
② "다른 곳에서는 안 되는가?"
→ "다른 곳에서는 안 된다."
③ "스스로 할 수 없는가?"
→ "스스로 할 수 없다."

이렇게 확실하게 대답할 수 있다면 고객은 우리가 제시한 가

표16 니즈 탐색, 가치 창출, 가치 실현의 전개

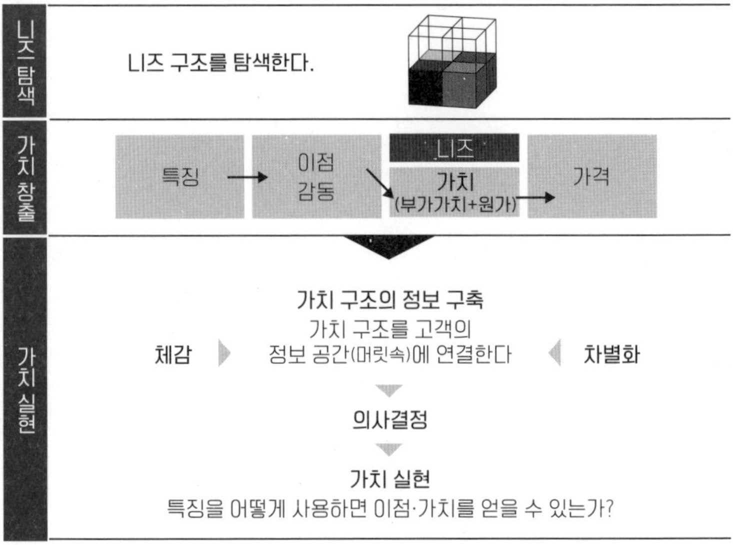

격에 수긍할 것이다.

키엔스에서는 항상 이 세 가지 질문을 모두 통과할 수 있도록 상품을 기획·개발하고 있다. 부가가치를 기준으로 한 가격 결정은 영업 단계에서 하기도 하고, 상품 기획 단계, 마케팅 단계에서 하기도 하는데, 키엔스에서는 상품이 개발되기 전 상품 기획 단계에서도 하고 있다.

여기까지의 이야기를 정리하면 표16과 같다.

우선 고객의 니즈를 탐색한다. 니즈를 바탕으로 개발한 상품의 특징, 이점, 고객이 느끼는 감동을 바탕으로 부가가치를 만들고, 그것을 가격에 반영한다. 상품의 특징·이점·감동·부가가치·가격이 서로 연결되는 구조를 이해하는 것이 중요하다. 이런 흐름으로 가치가 만들어져 고객이 확실히 이득이 된다고 수긍하면 최종적으로 고객은 구매 의사결정을 한다.

이를 이해하는 영업사원은 당연히 성과가 좋다. 영업사원이 니즈를 잘 포착하면 상품 기획으로 가치를 창출할 수 있고, 상품 개발로 상품 실현을 할 수 있으며, 판매 촉진으로 가치 전개를 할 수 있다. 즉, 영업은 부가가치 창조의 시작이다.

☞ 고객의 니즈 탐색에서 출발해서 가치를 창출하고 실현하는 부가가치 창출의 흐름을 파악한다.

제 6 장

부가가치 극대화

부가가치를 창출하기 위한 기술과 정보는 세계 곳곳에 흩어져 있다. 키엔스는 독자적으로 제품을 개발하지 않고, 상품 개발에 필요한 기술을 전 세계에서 모은다. 그러면 상품 기획·개발의 폭이 대폭 넓어져 자원의 한계를 뛰어넘을 수 있다.

부가가치를 극대화·최적화하는 가치 전개

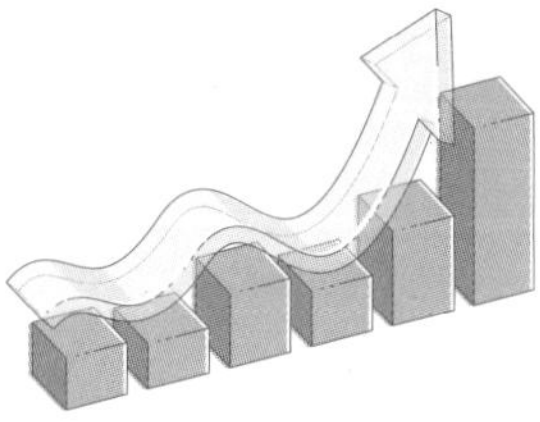

5장에서는 영업 부문을 중심으로 니즈 탐색 → 가치 창출 → 가치 실현의 과정에 초점을 맞추어 설명했다. 다음으로 눈을 돌려야 할 것은 가치 전개 영역이다.

가치 전개란 영업이 탐색한 고객의 니즈를 토대로 만들어낸 상품을 누가 사고 싶은지, 어떻게 판매할지 구체적인 계획을 세워 구현하는 것을 말한다.

이 영역은 일반적으로는 마케팅이라고 부른다. 그 핵심인 판매 촉진 담당 부서의 미션은 고객에게 자사의 상품·서비스를 알릴 계기를 만들어 구매 의욕을 일으키는 것이다.

마케팅의 목적은 최종적으로 회사의 매출과 이익을 늘리는 일이다. 하지만 가장 중요한 미션은 부가가치를 만들어 고객

표17 가치주의 경영 사업구조에서 가치 전개

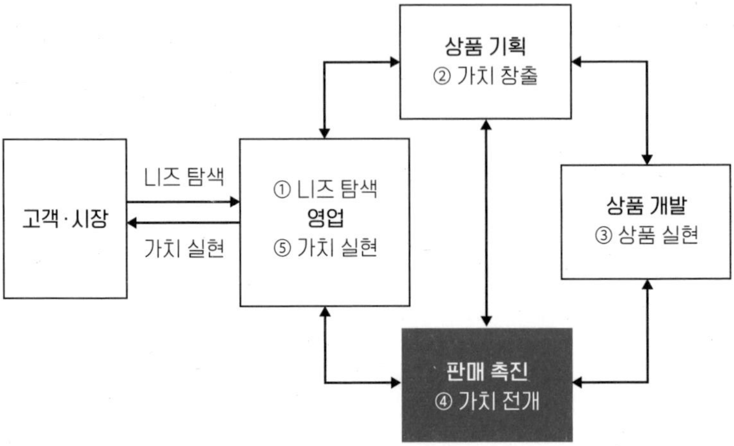

에게 제공하는 것이라고 생각하면 마케팅의 목적이 조금 달라진다.

그 진정한 목적은 단순히 상품을 많이 파는 것이 아니라 부가가치를 최대화·최적화해서 고객·시장에 전달하는 것이다. 이를 실현하려면 고객의 니즈, 부가가치를 파악해서 그것이 자사 상품에 어떻게 반영되고 있는지 파악하고 그것을 바탕으로 마케팅 활동을 전개해야 한다.

따라서 마케터는 영업을 통한 니즈 탐색, 상품 기획을 통한 가치 창출, 상품 개발을 통한 가치 실현이라는 각 단계의 핵심을 파악하고 부가가치가 창출되는 과정을 숙지해야 한다.

그런데 현실에서는 눈에 보이는 숫자에만 매달리기 쉽다. 웹사이트 방문자 수나 CVR(Conversion Rate, 웹사이트 방문자가 사이트가 의도하는 행위를 한 비율 – 옮긴이) 등 컴퓨터 앞에 앉아 수치만 분석하는 마케터들을 심심치 않게 볼 수 있다.

물론 수치 분석은 중요하고, 관측 활동에도 도움이 된다. 그러나 마케팅에서 가장 중요한 것은 고객에게 부가가치를 최대한, 최적으로 제공하는 것이다. 그러려면 고객이 어떤 상황에서 어떻게 그 상품을 사용하고, 어떤 도움을 받는지 그 실태를 정확히 파악해야 한다.

☞ 마케팅의 진정한 목적은 부가가치를 극대화·최적화해서 고객·시장에 전달하는 것이다.

손님이 구매하는 순간을 포착하라

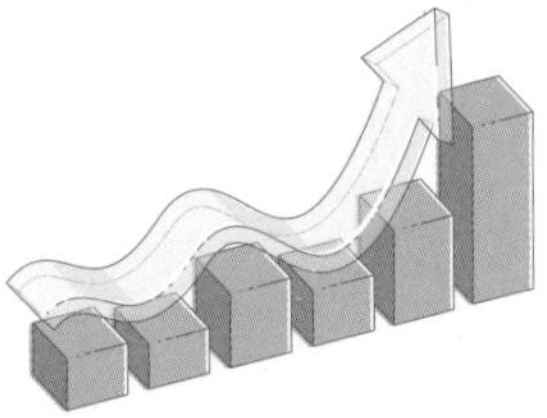

고객이 어떤 상황에서 어떻게 상품을 사용하고, 어떤 도움을 받는지 파악하려면 무엇을 해야 할까? 현장에 가서 직접 고객의 모습을 자신의 눈으로 보고, 고객의 이야기를 들어야 한다.

현장이란 고객이 물건을 구매하고 사용하는 장소를 말한다. 5장에서 영업사원은 실제 현장에 가서 고객과 같은 광경을 보고, 관찰하고, 체험해야 한다고 했는데 이것은 마케터에게도 꼭 필요한 자세다.

한 대형 생필품 제조사의 마케팅 담당자의 사례를 통해 살펴보자. 이 회사의 마케팅부장 B는 자사의 상품이 잘 팔리는 매장에 주 3회 정도 찾아간다. 그곳에서 B는 고객을 관찰한다. "마케터는 고객이 상품을 구매하는 순간을 봐야 한다"라는 신념으로 자사 상품에 고객이 어떤 반응을 보이는지, 어떤 구매 행동을 하는지 자신의 눈으로 확인하는 것이 그의 루틴이다.

어느 날 매장을 방문한 여성이 그 회사의 샴푸를 일단 손에 들고 잠시 살펴보다가 선반에 내려놓았다고 한다. 연령대로 보나 스타일로 보나 그 제품의 사용자로 페르소나 설정한 이미지 그대로의 여성이었으나 구매하지 않았다.

B는 "실례합니다. 혹시 이 샴푸를 집었다가 왜 다시 내려놓았는지 여쭤봐도 될까요?"라고 여성에게 물어보았다. 물론 자신의 신분과 상황도 설명했다. 그 여성은 "겉포장에 건강한 두피를 유지해준다고 적혀 있었지만 저는 두피를 별로 신경 쓰지 않아서요. 제가 신경 쓰는 것은 머리카락의 윤기예요"라고 답했다고 한다. 그 여성에게 B부장의 팀이 심사숙고해서 내세운 '두피'라는 키워드는 가치가 없었던 것이다. 두피가 건강해야 머리카락에 윤기가 흐르지만, 그렇게 한 단계 너머를 생각하라고 소비자에게 강요할 수는 없다.

일반적으로 생필품은 겉포장에 적혀 있는 특징, 성분, 용도 및 사용법 등을 읽고 구매를 판단한다. 그러나 깨알 같은 정보는 흘려 읽게 된다. 마케터가 필사적으로 생각해서 겉포장에 강조한 주요 메시지가 구매의 결정적인 요소가 된다. B가 여성과의 대화를 마케팅에 참고했음은 물론이다.

마케팅 지식과 기법을 설명하는 책은 세상에 많이 있다. 그러나 고수가 되고 싶다면, 그런 일반적인 차원을 뛰어넘어야 한다. 고객이 상품을 구매하는 순간, 사용하는 순간, 실제로 사용하고 도움을 받아 감동하는 순간을 마주해야 한다. 이런 경험의 축적이 정말로 필요한 것이다. 그 순간을 마주해서 고객의 감동을 체감할 수 있다면 그 상품의 무엇을 주력으로 어필해야 하는지, 어떤 광고문구가 좋은지 영감을 얻을 수 있다.

마케팅이라고 하면 시장 전체를 아우르는 멋진 일처럼 보이지만, B처럼 현장에서 발로 뛰는 것이 정석이다. 그런 체험을 착실하게 쌓아가야 비로소 전문 마케터라고 할 수 있다.

☞ 고객이 상품에 보이는 실제 반응을 현장에서 체험해본다. 그 체험을 쌓아가는 것이 전문 마케터가 되는 길이다.

시즈는 전 세계에 산재한다

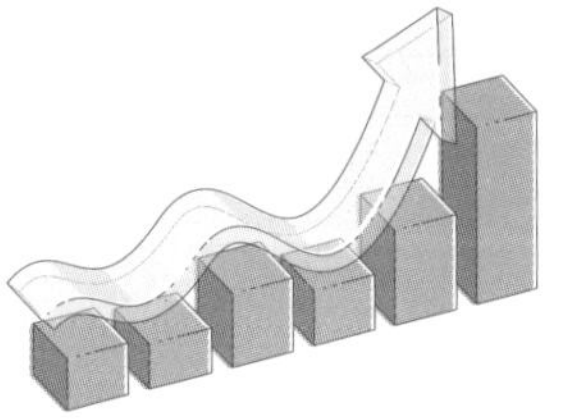

가치주의 경영의 사업구조 중 ① 니즈 탐색, ② 가치 창출, ④ 가치 전개, ⑤ 가치 실현에 대해 다양한 시점에서 살펴보았다. 여기서는 아직 화제에 올리지 않은 ③ 상품 실현(상품 개발)에 대해 알아보자.

니즈에 덧붙여 '시즈(seeds)'에 주목하기를 바란다. 마케팅에서 니즈와 함께 거론되는 것이 시즈다. 시즈는 기업이 가지고 있는 독자적인 기술력, 기획력, 노하우, 재료나 소재 등을 가리킨다.

상품을 개발할 때는 니즈(소비자)의 관점에서 생각할 것인지, 시즈(생산자)의 시점에서 생각할 것인지를 따져야 한다. 마켓인 방식에서는 양쪽 모두 중요하다.

키엔스는 시즈에 대한 사고방식도 상당히 독특하다. 내가 근무하던 시절 키엔스는 상품 개발을 위한 기초 연구 시설이 없었다. 시즈를 독자적으로 연구개발하지 않고, 시즈가 되는 기술을 전 세계에서 모으고 있었다.

이 체제는 '고객 니즈를 실현하는 상품을 자사의 기술만으로 개발하지 못해도 외부 기술과 협력·연계하면 만들 수 있다' '만들고 싶은 상품의 기술 정보를 모아서 자사에서 재현할 수 있다면 상품을 개발할 수 있다'는 사고방식을 기본으로 하고 있다. 즉 '시즈는 전 세계에 흩어져 있다. 그러니까 그것을 가져오면 된다'는 발상이다.

그러한 발상의 밑바탕에는 '부가가치를 창출하는 것이 사명인 우리가 독자적인 연구개발을 하다 보면 우리만의 기술을 고집하게 된다. 따라서 연구개발은 우리가 기획한 상품의 아이디어를 실현할 수 있는 재료나 소재, 기술을 가진 회사에 맡기면 된다'라는 생각이 있을 것이다.

시가 총액 순위에서 1, 2위를 다투는 회사가 상품을 이런 식으로 개발하는 것이 흥미롭지 않은가? 이것은 중소 제조 기업에 큰 희망을 주는 얘기이기도 하다.

물론 연구개발을 사내에서 하면 안 된다는 이야기가 아니다. 자사에서 직접 연구하고 개발하지 않더라도, 아예 연구개발 인력이나 기술이 없더라도, 자국 내 어딘가, 세계 어딘가에서 필요한 재료와 기술을 모아오면 상품을 개발할 수 있다는 의미다. 이런 관점에서는 상품의 기획·개발의 폭이 단숨에 넓어져서 자원의 한계를 뛰어넘을 수 있다.

"고객의 니즈에 완벽하게 대응할 수 있는 고부가가치 상품을 만드는 것은 불가능하다" "우리에게는 그런 인력이나 기술력이 없다"라고 체념하는 회사가 있을지도 모른다. 그것은 정말 안타까운 착각이다. 부가가치를 창출하기 위한 기술이나 정보는 세계 곳곳에 흩어져 있다.

☞ 부가가치를 창출하는 데 필요한 기술이 현재 없더라도 포기할 필요는 없다. 바깥으로 눈을 돌리면 상품의 기획·개발의 폭이 단숨에 넓어진다.

백오피스는 어떻게 부가가치를 만드는가?

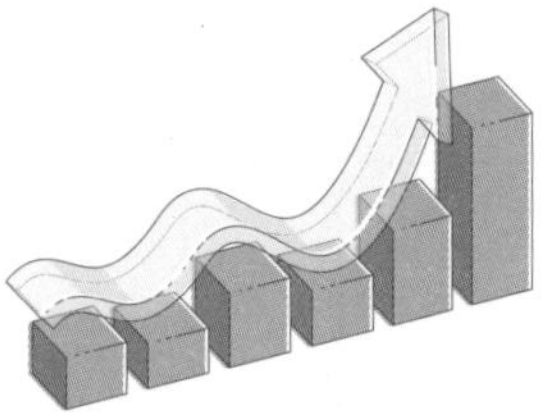

지금까지 영업, 상품 기획, 판매 촉진, 상품 개발이라는 네 가지 영역과 관련된 이야기를 했는데, 회사에는 그 외의 분야에서 일하는 사람들도 많다.

예를 들어, 영업 사무나 인사 같은 백오피스 업무다. 백오피스에서 일하는 사람들이 부가가치 창출에 기여하는 부분은 눈에 잘 보이지 않으므로 '나는 니즈 탐색, 가치 창출, 상품 실현, 가치 전개, 가치 실현의 흐름 속에서 어느 부분에 어떤 형태로 기여할 수 있는가?'를 늘 생각하는 것이 중요하다. 관리자 역시 이 점에 유의해야 한다.

영업 사무 부서에서 영업용 자료를 만들어 현장의 영업자를 지원할 수 있다. 현장 영업자의 자료 준비 시간을 줄이는 것도 부가가치를 만드는 중요한 역할이다.

예를 들어 하루 30분 걸리는 자료 정리 업무가 있다고 하자. 연간 영업일이 240일이라면 하루 30분의 업무라도 연간으로 따지면 120시간이 된다. 120시간은 영업사원이 한 달에 약 170시간 일한다고 했을 때 120시간÷170시간=0.7개월분의 노동시간이 된다.

영업 사무의 지원으로 이 시간을 영업 활동에 돌리면 영업사원의 0.7개월분의 노동을 성과로 환산할 수 있다. 영업사원 1인당 성과가 매출총이익 기준으로 월 300만 엔이라면, 300만 엔×0.7개월=210만 엔이다.

업무 처리 방법을 효율화하거나 외주를 주는 방식으로 영업 사무를 지원해 하루 30분의 서류 업무를 없앤다면 210만 엔만큼 성과가 증가할 수 있다.

영업사원이 열 명인 부서가 있다고 할 때 이 30분의 업무를 영업 사무 부서에서 처리하면 연간 2100만 엔 정도의 성과 향상에 기여할 수 있다. 만약 이런 업무가 열 가지 정도 된다면 2억 1000만 엔에 달하는 새로운 가치를 창출할 수도 있다.

인사 부서는 부가가치 창조에 기여할 수 있는 인재를 채용하고, 채용한 사람들이 어느 부서에서 어떤 형태로 활약할 수 있을지 생각해 배치한다. 니즈 탐색, 가치 창출, 상품 실현, 가치 전개, 가치 실현이라는 전체의 흐름 속에 인재들을 적재적소에 배치하고 동기부여해야 한다.

조직 전체의 부가가치 창출 흐름을 보고, 이 흐름 속에서 무엇을 할 수 있으며, 어떻게 하면 이 흐름이 원활해질까 생각하고 실천하는 것이 백오피스를 비롯한 모든 조직원의 과제다. 키엔스의 높은 성과는 직책, 부서에 상관없이 모든 사람이 이런 생각으로 일하고 있어서 가능했다.

☞ 어느 부서, 어떤 위치에 있든 부가가치 창출에 기여할 방법을 찾고 실행하라.

작업이 아니라 일을 하라

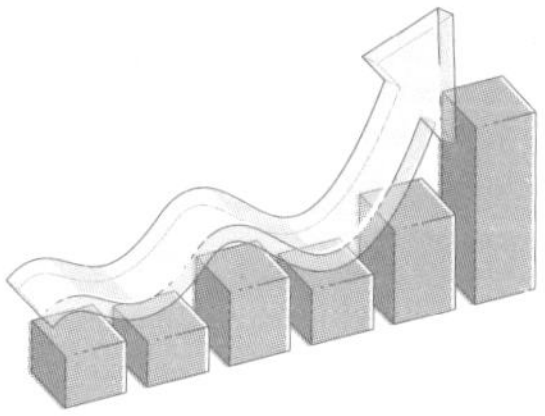

일과 작업을 구분해서 생각하는 것도 중요하다. 회사나 상사에게 지시받은 일을 그저 묵묵히 처리하고 있다면, 그것은 일이 아니라 작업이다. 부가가치를 만들려면 작업을 줄이고 일을 늘려야 한다. 일은 고부가가치를 창출하지만, 작업은 그렇지 않기 때문이다.

사내 업무의 생산성을 높여서 특정 기간 내에 다른 회사보다 몇 배나 더 많은 일을 할 수 있으려면 어떻게 해야 하는지 생각해보자. 열 시간 걸리던 일을 구조화, 시스템화해서 한 시간 만에 끝내게 되었다고 해보자. 그러면 남은 아홉 시간 동안 다른 가치 있는 일을 할 수 있다.

그다음으로 시간이 많이 드는 일을 다시 구조화하고, 남은 시간에 다른 새로운 일을 한다. 그다음으로 시간이 많이 드는 일을 또 구조화한다. 이 사이클을 반복하면 점점 생산성이 올라가 고부가가치를 만드는 조직이 형성된다.

업무를 표준화하고 단순화하면 누구나 할 수 있는 '작업'이 된다. 이런 작업은 아웃소싱(Outsourcing, 외부 위탁)으로 처리할 수 있다. 이런 작업들을 아웃소싱하면 회사에는 본질적인 업무만 남게 된다.

이런 과정을 통해 최소의 자본과 사람으로 최대의 부가가치를 올리는 것이 가능해진다. 같은 이익(부가가치)을 창출하기 위해 들어가는 자본(공장, 설비, 재료)과 그곳에서 일하는 사람의 시간(공정 수, 노동시간)은 적을수록 좋다.

일을 구조화해서 많은 작업을 아웃소싱하면 사외에 직원을 열 명, 스무 명, 백 명 둔 것과 같은 상태가 된다. 이러한 구조 만들기에 기여하는 것이 백오피스에서 일하는 사람들의 중요한 역할이다.

그런데 이 과정에서 주의해야 할 점이 있다. 많은 회사에서 구조화되기 전의 일, 아직 '작업'이 되지 않은 일을 아웃소싱 회사에 위탁하는 경우가 있다. 시간을 줄이고자 하는 의도로 작업이 되지 않은 상태의 일을 위탁하면 실제로 아웃소싱 회사에서 오는 문의에 대응하는 데에 상당한 시간과 노력이 소요되

표18 가치주의 경영 사업구조

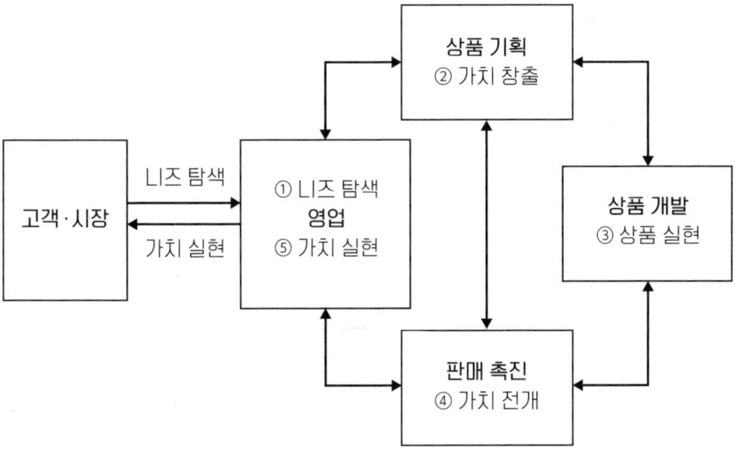

기도 한다.

또한 아웃소싱 회사의 수준이나 기술에 따라 성과에 편차가 생기는 문제도 발생한다. 일과 작업을 분리하지 않고 아웃소싱할 경우 본말전도가 되지 않도록 충분히 주의하자.

여기까지 영업에서 백오피스에 이르기까지 조직에서 각 부문이 어떻게 부가가치 창조에 기여할 수 있는지 설명했다. 각 부서에는 각각의 역할이 있는데, 조직으로 부가가치를 만드는 구조라는 관점에서 생각할 때 가장 중요한 것은 무엇일까?

바로 각 부서가 따로따로 움직이는 것이 아니라 모든 것을 연결하고 연동하는 일이다.

고부가가치 창조기업의 전체상을 마지막으로 다시 한번 복습해보자.

① 영업에서 고객의 잠재 니즈를 파악한다(니즈 탐색).
② 상품 기획에서 그 니즈를 충족하는 세계 최초, 업계 최초의 상품을 기획한다(가치 창출).
③ 상품 개발에서 세계 최초, 업계 최초의 상품을 만들어낸다(상품 실현).
④ 판매 촉진에서 마케팅을 실시한다(가치 전개).
⑤ 영업에서 상품에 반영된 부가가치를 제공한다(가치 실현).

①부터 ⑤까지 전부가 유기적으로 연결된 다음 구조적으로 부가가치를 만들어야 한다. 누구나 어떤 위치에 있든 ①단계부터 ⑤단계의 어딘가에 관여해서 부가가치 창출에 기여하고 있다. 먼저 업무에서 부가가치를 제공하기 위해 자신이 무엇을 할 수 있는지 생각해보는 것부터 시작해보자.

☞ 부가가치를 만들려면 일을 늘리고, 작업을 줄여야 한다. 작업은 누구나 할 수 있는 상태로 만들어 아웃소싱한다.

나오며

끝까지 읽어주신 분들에게 감사의 마음을 전하고 싶다.

과거의 나처럼 '매일 노동시간이 너무 길어' '급여가 낮아' '일하는 보람이나 삶의 보람을 느낄 수 없어'라는 이유로 살기 힘들었던 독자도 있을 것이다.

컨설턴트로 활동하다 보면 업무 현장에서 이런 말을 종종 듣는다.

"마음가짐이 중요해." "정신력이 성공을 좌우하지."

이런 말을 들으면 나는 '핵심은 그게 아니야!'라고 생각한다.

물론 마음가짐도 정신력도 중요하다. 하지만 원인을 혼동하면 안 된다. 삶이 어려운 진짜 원인은 무엇일까? 그것은 사람이 한 번뿐인 인생의 수명을 써서 창조하는 부가가치가 낮기 때문이라고 생각한다.

→ 부가가치가 낮아서… 회사 이익이 적다.

→ 이익이 적어서… 월급이 적다(월급을 올리면 회사가 망한다).

→ 월급이 적어서… 자신의 욕망을 참아야 하고, 미래도 불안하다.

→ 월급이 적어서… 장시간 일해야 하고, 밤이나 주말에 부업을 하기도 한다.

→ 장시간 일해서… 여유가 없고, 가족과 보내는 시간도 줄어든다.

→ 시간도 없고, 돈도 없어서… 가족의 소망(여행 가고 싶다, 다양한 체험을 하고 싶다 등)을 이루어주지 못한다.

→ 늘 쪼들리고 불안해서… 가족, 또는 동료에게도 인내를 강요하고, 주변 사람들에게 인정을 베풀지 못한다.

여유가 없으면 인정을 베풀기도 어렵다. 생활이 궁지에 몰렸을 때는 사람들에게 잘해주고 싶어도 시간과 돈이 걸림돌이 되어 도와줄 수가 없다. 경험해봐서 그 상황의 괴로움을 잘 알고 있다. 반대로 시간당 부가가치가 높아지면 많은 문제가 해결된다.

부가가치에 대한 이해는 비즈니스를 좌우하고, 나아가 인생을 바꾼다. 나는 그렇게 생각하고 그것을 진심으로 믿으므로 누구나 부가가치를 이해하고 어떤 상황에서도 실천할 수 있도록, 부가가치 만드는 법에 관한 모든 경험과 노하우를 이 책에 담았다.

마지막으로 내가 늘 소중히 마음속에 간직하고 있는 키엔스 창업자의 말을 소개한다. 사내에서 입에서 입으로 전파된 것이기에 표현은 조금 다를 수 있다.

"매출만 올리고 싶으면 철을 1억 엔에 사서 1억 엔에 팔면 됩니다. 그러면 매출은 1억 엔입니다. 하지만 거기에는 가치도 없고, 이익도 없어요. 그때 그곳에서 일하는 사람의 수명은 무엇을 위해 사용되었을까요?

0에 불과한 가치를 위해서입니까?

아닙니다.

우리가 비즈니스에서 해야 할 일은 매입한 것에 부가가치를 덧붙여 고객이 구매하게 하고, 사용하게 하고, 가치를 느끼게 하는 일입니다.

그것이야말로 우리가 한 번뿐인 인생의 수명을 써서 만들어내는 것입니다.

그것이 부가가치입니다."

우리 사회에서는 필요 이상으로 이익을 얻는 일을 좋지 않은 시선으로 보는 경향이 있다. 키엔스 창업자의 말은 그 믿음을 좋은 의미에서 깨뜨린다.

일하는 사람이 수명을 써서 만들어낸 부가가치를 극대화한다. 그러기 위해서 온 힘을 다하는 것을 망설일 필요가 있을까? 그럴 필요는 전혀 없다. 이 책을 읽은 사람은 모두 알겠지만, 부가가치가 높다는 것은 고객이 기뻐하고 있다는 증거다.

자신의 이익만을 추구하는 자세는 바람직하지 않다. 우리는 고객의 부가가치를 증대하기 위해 애쓰고 그 과정에서 이익을 얻는다.

가장 중요한 것은 사람의 수명을 비용에서 부가가치 창조로 바꾼다는 것이다. 이 패러다임 전환을 목적으로 이 책을 집필했다.

이 책을 기획하고 지원해준 간키출판의 가나야마 테츠야, 내가 집필하는 동안에도 고객에게 소중한 가치를 제공하는 주식회사 가쿠신의 동료들, 우리 회사와 함께 사회에 부가가치를 계속 제공하는 클라이언트 여러분, 그리고 항상 바빠서 함께 하지 못해도 늘 나를 응원해주는 우리 가족에게 정말 감사할 따름이다. 그리고 이 책을 읽어준 모든 독자 여러분에게 감사 인사를 드린다.

부가가치가 극대화되어 고객이 내는 돈보다 부가가치가 더 높아질 때 정말 멋진 일이 일어날 것이다. 그것은 고객이 감동해서 "고맙습니다"라고 말해주는 일이다. 고객에게서 고맙다는 말을 듣는 순간, 나 자신이 다른 사람에게 도움이 된다는 확신이 생긴다.

그 순간을 계속 만들어내기 위해 가장 중요한 일의 본질이 부가가치라고 생각한다. 여러분이 고객에게 감사 인사를 받으면서 행복하게 일하고 살아가는 데 이 책이 도움이 되기를 진심으로 희망한다.

옮긴이 정지영

출판사에서 일본도서 기획 및 번역·편집 업무를 담당하며 번역의 매력에 푹 빠졌다. 현재 번역 에이전시 엔터스코리아에서 출판기획자 및 일본어 전문번역가로 활동하고 있다. 주요 역서로 『더 모델: IT 솔루션 영업 프로세스』 『만화로 보는 워런 버핏의 투자전략』 『비즈니스 모델 디자인』 『생각 정리를 위한 업무의 기술』 『시간의 기술』 『간단 명쾌한 NLP』 『초역 카네기의 말: 인간관계론』 『SIMPLE 비즈니스 숫자 공부법 』 『도쿄대 물리학자가 가르쳐주는 생각하는 법』 『리더를 위한 경영 심리학』 등이 있다.

더 적게 일하고 더 많이 버는, 키엔스 성공의 공식!

부가가치

1판 1쇄 발행 2023년 6월 12일

지은이 다지리 노조무
옮긴이 정지영
펴낸이 백지선
마케팅 용상철
인쇄 도담프린팅

펴낸곳 또다른우주
등록 제2021-000141호(2021년 5월 17일)
주소 03977 서울시 마포구 성미산로15길 32, 403호
전화 02-332-2837
팩스 0303-3444-0330
블로그 https://blog.naver.com/anotheruzu

ISBN 979-11-981279-6-9 03320

우리가 비즈니스에서 해야 할 일은
매입한 것에 부가가치를 덧붙여 고객이 구매하게 하고,
사용하게 하고, 가치를 느끼게 하는 일입니다.
우리가 한 번뿐인 인생의 수명을 써서 만들어내는 것,
그것이 부가가치입니다.

_ 키엔스 창업자, 다키자키 다케미츠